JN410301

경기문학 2014 신작모음집

경기문학 2014 신작모음집

책읽는
오두막

경기문학 2014 신작모음집

2014년 12월 19일 1판 1쇄 찍음
2014년 12월 26일 1판 1쇄 펴냄

지은이 | 권민경 외 11인
펴낸이 | 조창희
기획 | 양원모, 임은옥
주소 | 경기도 수원시 팔달구 인계로 178
전화 | 031-231-7234
팩스 | 031-236-0283
홈페이지 | www.ggcf.kr

발행 | 김남일
편집 | 이호석, 박성아, 이승한
디자인 | 김현주
관리·영업 | 김태일, 박윤혜
출판등록 | 10-1221호(1995.10.26.)
주소 | 121-839 서울특별시 마포구 월드컵로 10길 48 동궁빌딩 501호
전화 | (02) 322-2161~5
팩스 | (02) 322-2166
홈페이지 | www.silcheon.com
이메일 | silcheon@hanmail.net

ISBN 978-89-98949-07-5 03810

* 이 책은 경기문화재단 및 한국문화예술위원회의 지원을 받아 제작되었습니다.

* 책읽는오두막은 실천문학사의 자회사입니다.

차례

비평

따뜻한 장소, 사람, 삶

김수이 문학평론가

1

"지리적 능력이란 특정 장소에 존재하는 개인이며, 동시에 광범위한 환경적·사회적 힘으로 이루어진 네트워크의 한 부분으로 존재하는 우리가 삶의 직접성(immediacies)을 깨닫는 능력을 말한다. 이런 관점에서 장소는 집이나 지역 이상의 것이며, 우리가 외부 세계를 내다보는 거점이기도 하다." 근대 이후에 인간과 장소가 처한 비극적인 운명을 날카롭게 파헤친 명저 『장소와 장소 상실』(1976)을 쓴 에드워드 렐프의 말이다. 렐프는, 캐나다 소설가 모디카 리츨러의 말을 빌려 "우리 시대와 장소에 대한 정직한 목격자"가 되고자 하는 노력이 자신의 저서의 목적이자 궁극적인 연구 주제라고 말한다. 후기 근대사회의 본질을 일찌감치 간파한 렐프는 인간의 삶과 역사의 가시적 총체-실체인 고유하고 개성적인 장소들을 파괴하고, 획일적이고 거짓된 장소들을 대량 건설하고 있는 근대 자본주의 문명의 계략을 통렬히 비판한다. 인간의 온기와 세월의 두께를 살균해버린 무(無)장소들은, 인간을 "인간 실존의 근원적 중심"인 장소로부터 분리시켜 결국 자기 자신과도 결별하게 만든다. 핵심은 이렇다. 장소를 보존하는 일은 그 장소와 분리될 수 없는 인간을 보존하는 일이며, 인간의 삶을 보존하는 일이다. 인간답게. 삶답게.

2

경기도에 거주하는 여섯 명의 시인들이 쓴 해당 지역에 관한 시편들은 '경기도의 장소성'을 보존하려는 노력이며, 이를 통해 우리 시대가 상실하고 있는, 그러나 상실해서는 안 될 인간성을 지키려는 노력으로서 의의를 갖는다. 경기도는 '수도권'이라는 이름으로 불리면서 수도 서울과 동등한(?) 지위를 부여받기도 하지만, 이와 함께 서울과 구별되는 하나의 독립된 지역의 특성을 유지하고 있기도 하다. 수도에 속한 권역/영토를 뜻하는 '수도권'은 경기도를 서울과 등가화하는 동시에 변별하는 이중의 명칭으로 기능한다. 경우에 따라 수도에 포함되기도 하고 또 배제되기도 하는, 서울과 지방, 중앙과 변두리의 양면성을 지닌 경기도의 이중적인 위상은, 중심과 외곽, 본질과 현상, 현실과 이상 등에 동시에 거주하는 문학의 이중적인 속성을 떠올리게 한다. 경기도에서 살아온 사람들은 수도권의 이중적인 (무)장소성을 알게 모르게 체현해왔을 것이며, 자신들의 거주지가 '서울'로 상징되는 자본의 개발 논리에 잠식당하는 과정, 즉 서울화되는 과정을 경험해왔을 것이다. 이 과정은 현재도 진행 중에 있는 바, 그 속도는 갈수록 빨라지고 있다.

서울의 가장 인접한 지역인 경기도는 중앙과 지방, 근대와 근대 이전, 무장소성과 장소성이 충돌하는 최전방으로서, 이 작품집을 통해 "우리 시대와 장소에 대한 정직한 목격자"의 역할을 자처하는 시인들이 다각도로 증언하고 탐사하는 각별한 현장으로 거듭난다. 권민경, 김영자, 송종관, 이은유, 한우진, 홍일선 이상 여섯 시인들의 공동 저작인 이 작품집은 '경기도의 장소성'의 귀환과 새로운 도래의 가능성을 노래한다. 이들이 즐겨 사용하는, 미래의 반짝이는 희망을 은밀히 품고 있는 기억과 추억의 화법은, 오래된 것/마땅히 와야 할 것의 귀환-도래의 가능성에 어울리는 화법이 아닐 수 없다. 한마디로 말하면 이 작품집은 경기도의 장소들, 그러니까 경기도의 특정 장소들에 오랜 세월 각인되어온 인간과 삶에 관한 기록이자, 그 시적 미래를 기약하기 위한 분투의 기록이다.

장소를 다루는 시들이 간혹 그러하듯이, 이 작품집에 실린 시들 중 일부는 소재에 고착해 단순해지거나 소재주의로 귀결될 위험에서 자유롭지 못하다. 장소의 아우라와 역사적 위엄에 과하게 의존하는 바람에 시의 실질적인 함량이 오히려 줄어든 경우 역시 없는 것은 아니다. 그러나 거의 모든 시편들에서 공통으로 발견되는 것은 시인 자신이 살아온 장소에 대한 깊은 애정과, 독특하고 절실한 경험들을 통해 체득한 그 장소들에 관한 섬세한 디테일이다. 덕분에 우리는 이 시집을 읽으면서, 경기도에 관한 생활지리, 문화지리, 인문지리, 심상지리, 상상지리 등의 다채롭고 생생한 지리학을 구축해볼 수 있다.

그 지리학의 내용 혹은 목록을 무순으로 약술하면 다음과 같다. 6학년 때 소풍 장소였던 행주산성, 싸구려 치킨집이 있는 토당동 벼룩시장, "(당신이) 웃는 얼굴로 남아 있"는 분당 메모리얼파크. "비둘기호에 타면 자꾸 날아오를 것 같던 경의선", "오래된 아파트 단지에 오래된 나무가 있"는 일산 신도시(권민경), "오남매"가 "들꽃 무더기같이 자"란 만수저수지 주변, 교장 선생으로 퇴직한 아버지가 퇴직금을 몽땅 날린 채 여시 같은 여자랑 도망갔던 궁평항, 삼남과 한양을 잇는 길목에 세워진, 조선 후기의 전형적인 객사 모습을 한 팽성 객사(김영자), "가느다란 뱀 허리에 학교와 마을을 잇는 나무다리가 있"고 절름발이 냉이 아버지가 강냉이를 튀기던, 동네 사람들이 "솔기 튿어진 국방색 점퍼들을 입고" "마실을 오"던, 새마을운동 시절 주사가 심한 남편이 결핵으로 죽고 아이들과 헝클어진 세월을 살다 실성한 여자와, 전 재산인 논 몇 마지기를 아들이 사업으로 날리자 농약을 먹은 달구 아버지가 살던, "메주에서는 메주 냄새가" 나고 "메주를 달아놓은 방에서는/조상님 냄새가" 나는 두루가리 마을(송종관), 왕자의 태실을 묻은 삼태봉과 가마터가 있던 안성 배태리 마을, "당신이 남긴 발자국만 남"은 겨울 칠장사, "머물고 싶은, 또 한 생이 지나가고 있"는 이천 산수유 마을, 젊은 시절 "날뛰던 만큼 상큼하던 때"를 보낸, 미군 부대가 있던 평택 서정동(이은유), "맨발로 궁예(弓裔)를 닮은 사나이/강을 밟으며 오고 있"는 한탄강, "비류(沸流)와 온조(溫祚)가 십신(十臣)을 이끌고 올랐"던 부아산(負兒山), 파주 3현(이이, 윤관, 황희)을 만나러 가는 길의 탄현면 문지리, 은둔자 박용하 시인이 칩거하는 양평 오빈리(한우진), 병든 팔순의 어머니를 모시는 이강원 씨, 내년엔 땅에 무엇을 심어야 할지 걱정이 태산인 민천호 옹, "머지않아 한중 FTA 도장 찍는 날" 올 것을 알고 있는 논밭께에서 야윈 기침을 하는 민영선 씨, "피붙이 같은 볏가마를 젊은 이들이 불태우고/비료값 농약값도 못 건진/자식 같은 푸른 배추밭을 갈아엎"으며 우는 정인홍 씨 등 선한 농부들이 살고 있는 도리 마을(홍일선) 등등.

귓병을 앓을 때도 서울 병원 가기 위해 탔던 경의선. 똑같은 풍경을 봐도 늘 신기했던 경의선. 밤에 돌아오는 길엔 사람이 많았던 경의선. 모르는 아저씨 아줌마들이 무릎에 앉혀주던 경의선. 자꾸 발가락에 힘을 주고 버티게 되던 경의선. 귀가 아픈지도 잊었던 경의선. 의자에 손가락으로 낙서하면 결을 따라 글씨가 생기던 경의선. 손바닥으로 쓸어내리면 글자가 지워지던 경의선. 내가 썼던 낙서와 내가 지운 그림들이 피어났다 저문 경의선. 무궁화호는 고급이던 경의선. 통일호가 신의주까진 가지 못한 경의선.

이제는 의자에 글씨를 쓸 수 없는 경의선. 차장 아저씨가 표를 찍어주는 대신 카드를 찍고 내리는 경의선. 풍경을 봐도 더 이상 신기하진 않지만 깨끗하고 빠른 경의선. 아무도 모르는 아이를 무릎에 앉히지 않는 경의선. 백마역 부근의 카페들은 풍동으로 옮겨갔지만 아직 같은 철로를 달리고 있는 경의선. 멀리까지 이어져 있었다는, 먼 시간을 달리고 있는 경의선.

—권민경,「경의선」부분

권민경 시의 특징은 평범한 일상생활을 사실적으로 각인하는 세밀한 필치에 있다. 한 예로, 위에 인용한「경의선」을 읽노라면, 경의선을 타보았던 사람은 물론 타본 적이 없는 사람조차도 지나간 추억을 회상하는 듯한 심경에 젖게 된다. 경의선이 펼쳐 보이는 장면들에는 분단의 역사와 자본의 격랑의 흔적이 고스란히 묻어 있고, 서울과 경기 북부를 오가며 고달픈 생계를 꾸려온 서민들의 땀과 눈물이 스며 있다. 여기에는 그녀 자신도 물론 포함되어 있다. 권민경은 생활의 눈높이에서 꾸밈없이 경기도 사람들의 삶의 현장들을 묘사하고 기술하는 데 주력한다. 이 현장들은 권민경 시의 소박함의 미덕과 만나 아프기도 하고 정겹기도 한, 웃음과 눈물이 함께 흐르는 진솔한 풍경으로 형상화된다.

김영자의 시에는 그녀가 어린 시절부터 겪어온 삶의 쓰라린 고통이 곳곳에 투영되어 있다. 그녀의 시는 단도직입적인 강렬한 언어와 관능적인 수사를 병치하고 있으며, 비극적인 정념과 드라마틱한 서사를 내장하고 있다. 시의 몇몇 정황들은 엽기적인 소설이나 영화의 한 장면을 방불케 하기도 한다. 김영자의 시들 가운데 가장 완성도가 높은「만수저수지」는 그녀가 유년을 보낸 경기도 안성시 공도읍 만정리를 배경으로 하는데, 그녀의 어머니와 아버지의 이야기를 비롯한 신산한 가족사를 농밀하게 압축하고 있다. "달빛 가득 끌어들이는 저수지 밤 물속에서/가끔씩 붉은 꽃대가 올라오곤 하였"으며, "빚진 이웃들 가시덩굴이 엄마를 찔러서/

때로는 저수지가 피로 흘러넘쳤다"는 극적인 묘사와 설정들은 상처투성이의 가족사를 집약하면서, "오늘은 꽃물결이 일고 있"는 치유의 결말로 전환되고 있다.

물가에 오남매를 놓아두고
엄마는 자꾸 가슴에 열이 난다고 하였다
달빛 가득 끌어들이는 저수지 밤 물속에서
가끔씩 붉은 꽃대가 올라오곤 하였다

엄마는 저수지에 아이들을 데리고 나가
몇 번이나 신발을 벗어놓고 수면 위를 걷다가 되돌아섰다
검은 물체가 후다닥 사라지는 어둠 저 너머로
물결이 일으키는 작은 파문만이 밤의 정적을 깨트렸다

아버지가 땅, 집문서를 하마 입으로 삼켜버린 뒤로
오남매는 저수지 가에서 들꽃 무더기같이 자랐다
빚진 이웃들 가시덩굴이 엄마를 찔러서
때로는 저수지가 피로 흘러넘쳤다

엄마 홀로 지키던 그 물가의 꽃대
어느 세월에 활짝 피워낸 오남매
물살이 상처 보듬어주던 만수저수지에
오늘은 꽃물결이 일고 있다

—김영자,「만수저수지」전문

김영자의 시가 관능적인 색채를 지닌 여성성과 모성성의 힘을 바탕으

로 고통스러운 삶 속에서도 희망을 이끌어내고자 애쓰는 데 비해, 송종관의 시는 땅을 지키고 식솔을 먹여 살리는 일의 절대 과업 앞에 패배한 농촌의 가장들을 중심으로 근대의 소용돌이 속에서 몰락한 전근대의 역사를 써내려간다. 두루가리 마을의 이야기가 이미 과거의 '전설'이 되었음을 명시하는 「두루가리 전설」 연작은 마을의 전설을 기록하는 과정에서 따뜻한 정감과 애달픈 비애미를 한꺼번에 발산한다. 이 연작에서 송종관은 구수한 입담과 유려한 이야기 솜씨를 유감없이 발휘하고 있는데, 서로 긴밀하게 짜여 있어 한 편을 골라내기가 쉽지 않은 이 연작 시편들 중 일곱 번째 작품은 느릿느릿 재차 음미해볼 만하다.

> 마실 오는 사람들의 어깨에 흰 눈이 소복하다 솔기 틀어진 국방색 점퍼들을 입고 있었지 먹을 것을 내올 만하지는 않았을 테고 놋쇠 화로 식은 재를 뒤적거리며 지나간 얘기들이나 주워대는 것이었겠지 서낭당을 지나다가 귀신을 보았다는 얘기 나무를 하러 갔다가 너무 배가 고파서 귀신이 먹던 것을 깨물어 먹었다는 얘기 꽁꽁 언 과일을 깨물다가 이가 빠질 뻔했더라는 얘기 키득거리는 웃음이 가래 섞인 목소리에 쟁쟁하다 흰 눈과 지붕 낮은 초가집 외에는 볼 것이 없는 사람들 머릿속에는 재미난 얘기들로 가득했을 터, 마을은 그들이 쌓아놓은 얘기들로 그득하게 덮여 온 마을이 겨우내 하얗게 묵었다
>
> —송종관, 「두루가리 전설 7」 전문

굳이 두루가리 마을에만 한정되지 않는, 마을 사람들이 하나의 따스한 공동체를 이루며 살던 시대의 서사는 현재 우리가 잃어버리고 있는 것이 무엇인지를 묵직하게 일깨우면서, 마을에 속한 사람들이 "쌓아놓은 얘기들로 그득하게 덮여 온 마을이 겨우내 하얗게 묵"고 있는 아름다운 삶의 귀환을 꿈꾸게 한다. 장소가 사라지면 그에 따른 많은 것들이 사라진다.

하나의 장소를 통해 어우러졌던 사람들의 연대와 삶의 감각이 사라지고, 그 장소에서 가능했던 삶이 사라지며, 장소에 얽힌 수많은 이야기들이 서서히 사라진다. 송종관의 「두루가리 전설」 연작이 우리로 하여금 새삼 목도하게 하는 것은 이 장소=사람=삶의 사라짐 자체다. 이미 과거의 전설이 된 마을의 사라짐을 다시금 직시해야 하는 "쟁쟁한" 경험! 이것이 송종관의 시를 읽는 일의 기쁨이자 슬픔이며, 보람이자 허허로움이다.

이은유는 경기도의 역사적인 장소들을 탐방한다. 그녀는 장소들의 단순한 관람자가 아니라, 장소들 속으로 뚜벅뚜벅 걸어 들어가 거기 실존했던 인물과 함께 그 장소-시간을 되살아보는 일을 열망한다. 그녀의 시에 예스러운 어투의 대화체가 많이 사용되는 것은 이러한 연유에 의한다. 시 「생의 간극」에서 이은유는 장소의 역사성과 현재의 자신의 삶 사이에 나 있는 균열을 마주한다. '삼각김밥'이라는 흔하고 사소한 사물(음식물)에서 출발한 사유는 '그대'와 '나'가 "삶과 죽음이 맞물리듯" 길항하는 지점에 이르면서 삶과 죽음에 대한 존재론적인 성찰로 진전된다. "시를 쓰는 내내 내 고장의 자연, 문화와 가슴 절절한 연애를 했다. 곳곳에 청춘의 열망과 지독한 방황의 한때가 묻어 있었다. 내 지나온 삶이 고스란히 그곳에 놓여 있다. 이제야 뒤늦은 사랑을 한다"고 이은유는 고백하고 있거니와, 그 사랑의 적막한 풍경을 이 시를 통해 확인할 수 있다.

그곳에서는 차마 먹지 못했다
먹을 수 없었다
세 개의 모서리와 꼭짓점을 이루어 만든 삼각김밥
생의 지점에 들어와 죽음의 문을 나서는
이승의 운명을 넘나드는 것 같은 삼각김밥
삶과 죽음이 맞물리듯
죽음의 모양, 그대의 무덤이 되는 것일까

(중략)

꾸역꾸역 넘어가는 것이 상처일까 그리움일까
돌아갈 수 없는 그때를 오래 살고 싶은 것일까
굳이 돌아보지 않아도 저절로 돋아나는 뜬금없는 미각처럼
지워지지 않는
지나고 나서야 삶을 가르치는 오랜 흔적
생의 사이사이에 무슨 일들이 있었나
머물고 싶은, 또 한 생이 지나가고 있다
삶의 그림자인 죽음
지금 조금씩 삶이 완성되는 죽음을 씹어 삼키고 있다
삶의 이면인 죽음을 천천히 받아들이고 있다

—이은유, 「생의 간극—이천 산수유 마을」 부분

이 시에 형상화된 장소는 이은유가 삶의 능동성과 죽음의 수동성을 "천천히 받아들"일 수 있는, 선명하면서도 불가해한 "모서리와 꼭짓점"의 장소로 의미화된다. 이 장소에 이은유가 선사한 이름은 '생의 간극'이다. 그녀를 따라 경기의 장소들을 헤매다 보면 설명되지 않으나 기꺼이 받아들일 수 있는, 불가능하면서도 도저한 '생의 간극'을 만날 수 있다. 그 안에 이미 죽음이 삶과 '맞물려' 살고 있는.

한우진의 시에는 남성적인 웅장함과 기백, 유장미가 넘쳐흐른다. 옛 선조들의 눈물겨운 고난의 역사를 언제까지나 기억하고 기려야 한다는 의식은 한우진의 시를 지배하는 핵심 동력이다. 그런데 한우진은 자칫 관념의 영역에 귀속될 수도 있는 거대한 역사의 발자취를 추적하고 재구성하는 데만 몰두하지는 않는다. 역사로부터 삶의 본질을 강타하는 깨달음을 얻어내고, 그것을 명징한 문장으로 빚어내는 것은 한우진이 지닌 특

장이다. "'죽어 용인'은 아무래도 '삶이 들끓는 용인'"으로 다시 쓰고, "역사의 급소는 패자(敗者)의 유배지에 있고/가을의 급소는 옷소매 안에 있는 것만 같다"는 잠언에 가까운 진술을 직조하는 것이 그 대표적인 예들이다.

삶의 팽팽한 한때는 어찌어찌해도 죽음보다 느슨하고
제아무리 삶이 유장해도 죽음을 휘감지 못하네
그리하여 '죽어 용인'은 아무래도 '삶이 들끓는 용인'
나 부아산에 올라 별을 향해 쓰네
죽어야만 사는 이름을 쓰네

—한우진, 「용구처인가(龍駒處仁歌) 2—명부」 부분

역사의 급소는 패자(敗者)의 유배지에 있고
가을의 급소는 옷소매 안에 있는 것만 같다.
건드리면 아프다.
가을은 뼈 있는 것들을 소리 나게 한다.
삐걱삐걱, 소리를 채는 사슴이다.
쫓기는 사슴의 그늘처럼
패자의 유배지, 건드리면 아프다.
뱀이 누른 갈대와 같다.
자결한 성리학자와 악수를 한다.
그의 뼈가 내 손에 만져지자
내 등허리에서 나뭇가지 펄럭거린다.
슬슬 바람에 뿔이 돋는다.

—한우진, 「가을의 급소(急所)는 옷소매 같다」 부분

"삶의 팽팽한 한때는 어찌어찌해도 죽음보다 느슨하고/제아무리 삶이 유장해도 죽음을 휘감지 못"한다는 한우진의 촌철살인의 수사 또는 정언명제 앞에 숙연하지 않을 도리는 별로 없을 듯하다. "자결한 성리학자와 악수를" 하자 "등허리에서 나뭇가지 펄럭거린다"는 실감나는 묘사 앞에서도 마찬가지일 것이다. 더러 발견되는 장황하고 부자연스러운 표현들을 걷어낸다면 한우진의 시는 보다 유연하고 정제된 형태가 될 수 있을 것으로 기대된다.

홍일선의 시들은 한미 FTA, 4대강 사업, 배추밭을 갈아엎어야 하는 수급 상황 등의 농촌이 처한 현안들을 직간접적으로 다룬다. "단 한 줄의 시 쓰지 않고서도/평생 시인이신 어진 농부들이/오순도순 모여 사는 마을"(「시 한 근에 얼마나 하느냐고 농부가 물었다」)은 홍일선이 간절히 바라는 삶의 장소의 '오래된 미래'를 더도 덜도 없이 투명하게 보여준다.

억새꽃 흐드러진 강둑에서
그가 홀로 바라본 것은
가는 세월이 아니었습니다
땅은 거짓말을 하지 않는다고
흙은 땀 흘린 만큼 거둔다고
자식들에게 차마 말할 수 없는
내일이 안쓰러워서도 아닙니다
그는 다만 아무도 돌보지 않는
쥐똥나무 가지에 겨우 둥지를 튼
붉은머리오목눈이 푸른 눈을
오래오래 보고 있었던 것이지요
농업이 쥐똥나무 같다고 생각하다가도
농업은 목숨이라고 생명줄이라고

작은 새 눈빛이 시천주조화정이라고
미물 가슴에 한울님이 들어와 계신다고
조용히 말하고 싶었는지도 모르겠습니다
늘 지기만 하는 한 번도 이문을 바라지 않은
대지가 그저 고마운 저녁
아주 오래 바라보고 있었습니다

—홍일선, 「도리 농부 서유석 씨」 전문

정직한 땀과 노동 앞에 절대 "거짓말을 하지 않는" 땅, "미물 가슴에 한울님이 들어와 계"시는, "늘 지기만 하는" "그저 고마운" 대지. 홍일선은 신성한 노동과 생명의 이 유구한 삶의 장소를 "아주 오래 바라보"는 일로써 시인의 역할을 가름하고자 한다. "아주 오래 바라보"는 일은 하나의 장소를 생각하고 그에 참여하는 시작의 행위로서 손색이 없다. '경기'라는 이름으로 연결된 여러 장소들을 거쳐 우리가 오래, 어쩌면 끝내 바라보아야 할 곳은 바로 이 생흙 냄새 풀풀 나는, 수많은 생명이 흘러갔고 또 흘러올 땅/대지, 인간 실존의 근원적 중심이며 삶의 터전인 이 자연의 장소일 것이다.

권민경

행주산성으로
일상-토당동 풍경
거위가 있던 집
안산 세탁소
분당 메모리얼파크에서
경의선
일산 신도시
원당종마공원에서 묻기
걷는 동안-안산천의 연인
여행의 계획

행주산성으로

열두 살은 행주산성. 친구가 대신 신청해준 사생 대회. 행주대첩 기념비를 회색으로 칠하고 나는 참가상도 타지 못했지만 친구는 동상을 탔다. 나는 가늠할 수 없던 트로피의 무게. 전교생 앞의 구령대. 아침 조회 맨 끝줄의 나는 사생 대회에 나간다면 기념비 대신 나무나 꽃을 그리리라 마음먹었다.

6학년. 가을 소풍 장소는 놀이동산도 동물원도 아닌 행주산성. 버스를 타면 다섯 정거장 걸리는 곳. 좁은 시골길을 열 맞춰 걸었다. 그때 처음 맛본 다이제스티브라는 과자. 소풍은 그런 거지. 곰방대를 사 오는. 오이를 뺀 김밥을 싸 가는. 반 아이들이 사 온 모르는 과자를 얻어먹는. 낮은 산을 오르고 전쟁 기록화를 보고 줄지어 좁은 길을 걸어갔다가 좁은 길로 돌아오는.

지금도 걸어서 가는 길. 그곳엔 카페가 여러 군데. 국숫집이 여러 군데. 사람들이 여럿 있고 좌석 버스가 여러 대. 마을버스가 드문드문. 날이 개었다가 궂어지고. 바람이 불었다가 잦아들고. 당신은 있고. 햄이 든 김밥 대신 3,500원짜리 국수를 먹겠지만 새로운 과자는 준비할래요. 변하지 않은 준비물. 산성 꼭대기에서 과자를 먹지만 행주대첩 기념비를 그리진 않아. 기념비 앞에서 당신이 브이를 하는 동안 나는 셔터를 누르고. 나무나 꽃이 없어도 꽤 볼만한 풍경. 잦았던 바람이 다시 불고. 우리의 사생 대회. 오래도록 풍경이 멈춰 있는.

일상
토당동 풍경

저녁엔 김밥천국 라볶이를 먹고 체육공원에 가고 서치라이트 서치라이트 아무도 넘어지지 않는 인조 잔디 위 맨손으로 캐치볼 하고 다이어트 콜라를 마시고 길고양이에게 눈을 깜빡이고 그렇게 사라져간 그림자들을 찾아 자동차 밑을 기웃거리고 전 객실 커플 PC가 설치된 모텔을 지나치고 세 걸음이면 끝나는 건널목을 건너고 어두운 시장 너머 익숙한 아파트 단지 익숙한 글씨 부녀회에서 허락해준 전단지를 읽네 고통스러운 장이 섭니다 꿈의 벼룩시장

에누리된 꿈에 딸린 특별한 날이면 싸구려 치킨집에 가고 브라질과 태국에 대한 짧은 상식을 건너 네트 없는 배드민턴 코트에 들르고 1+1 하는 아무 음료를 마시고 떨어진 살구가 뒹구는 초등학교 앞을 지나 시큼하게 짓뭉개진 머리통을 뒤로하고 오래된 아파트로 돌아오면 경비 아저씨가 얼굴에 손전등을 비춰오네 길어지는 벽 수목 소독 날짜를 알리는 전단지 날을 골라 길고양이에게 눈을 깜빡이고 몸이 붕 떠오르고 다시 가라앉고 익숙한 층수를 누르거나 지우고 상면 거울에 서로를 비춰보고 우리는 늘어나고 고양이가 늘어나고 매미가 죽고 고양이가 죽고 우리가 익숙한 곳을 부랑하는 동안

거위가 있던 집

일산읍 백석 2리 백마장 딸인 나는
배달 가는 엄마를 뒤쫓길 좋아했다
종종 거위가 파수꾼인 별장에 닿았고

거위 소리는 동물의 왕국에서 듣던 코끼리 소리 같기도 백마슈퍼 아저씨의 못 부는 색소폰 소리 같기도 외할아버지가 가래 뱉는 소리 같기도

거위는 엄마도 어린 나도 철가방도 경계했으며 도둑과 주정뱅이, 개와 바람, 주말과 여름을 경계했다 먼 곳에서 외계인이 온다 해도 공평히 경계할
오래 물을 뿜고 색소폰을 못 불고 가래를 계속 뱉는 거위들

모두가 사라진 후
단둘이
고요할 거위

*

백석리에서 백석동으로 바뀌는 동안
이젠 아무 데도 없는 거위가 있던 집

나를 만나러 능곡으로 찾아오는 당신

내가 어제의 나와 다를 수도 있는데
우리는 매일 다시 만나고 새롭게 생겨나는데

거위 소리처럼 끓어오르는 서로의 이름을 뱉어낸다
색소폰을 못 부는 사람처럼 포즈로 노래한다
손을 잡고 동네 구석구석을 기웃거리며 주소와 대문의 색을 익히지만
몇 년 후엔 뉴타운이 생긴다는 동네

신도시가 생길 때 주인은 거위들을 데리고 갔을까 거위는 먼 곳으로 이사했을까
우리는 우리였던 기억을 갖고 갈 것인데

모두가 사라진 후
단둘이 손을 잡고 고요할
발소리

안산 세탁소

피부가 축축하고 비가 오면
두통이 온다, 머리만 남은 듯.
살갗 먼저 숨을 쉬고 나는 다음이야
침대 위, 개어진 억압복
단지 빌려 입었을 뿐

하늘을 바라보는 남자
세탁물이 그늘을 만들고
날씨는 흐리고 새들의 저공비행
소리 없이 쏟아지는
물, 쓰러지는 그림자

내부에서 일어나는 일
세상 모든 쇼윈도 안쪽의 가능성
연미복이 기지개를 켜고
얼굴이 비쳐 보이는 유리벽 안
식빵을 먹고 있는 갈라파고스 거북
주름진 얼굴 낯익은 기분

안개에 싸인 화랑유원지
오가는 사람 없는 보행자 전용 도로
오리들이 지나간다

우리들이 벗어놓은 그림자를 물고서
호수 속으로 들어가

흘러가는 얼굴
개지 않고 놓아둔 팔꿈치
몇 번째 갈아입은 생
몸을 벗고 입는 사이 생긴 주름이 펴지질 않아
습도계의 눈금이 쭈글거린다

분당 메모리얼파크에서

놀랍게도
누군가의 죽음은 힘이 되기도 한다
동력
살려고 애쓰는 일, 고통의 시간이 지나간 후
당신은 웃는 얼굴로 남아 있다

그 얼굴을 보면 따라 웃게 된다 웃음은 발작적으로 인다
불이 일어나고
당신이 일어난다
와르르 스러지는 것들

거친 목소리 거친 행동 잔정이 많은
특성의 집합을
우리는 당신이라고 이름 붙였다

한 사람을 가득 채우고 있는 개념, 감정, 버릇, 소문, 유기물질,
질문과 문

사람이 죽으면 암세포도 죽는걸
암은 어째서 자살을 선택하는 걸까
문을 열고 나가는 것으로 답을 대신한다
영영 나가버린다

필연적이고 우연적으로 일어나는 일들
일어난 불
일어난 당신

가지 말라고 말하지 않았다
나는 자리에서 일어난다

이 문을 열면
당신은 멀리 있거나
바로 앞에서 날 기다릴 것이고
아마 웃고 있을 테지만

나는 당신이 죽은 덕에 얼마간 살 힘을 얻었다
이 문고리에게 감사하고 싶어

감사는 상대적인 것이다

경의선

경의선. 비둘기호에 타면 자꾸 날아오를 것 같던 경의선. 어린이 표를 내고 타던 경의선. 어린이든 어른이든 두꺼운 종이로 만든 기차표를 내고 타던 경의선. 차장님이 기차표 귀퉁이를 잘라내던 경의선. 어쩐지 오랫동안 표를 쥐고 있었던 경의선. 아주 먼 곳까지 이어져 있었다던 경의선. 화전을 지나 능곡을 지나 백마에서 내리던 경의선.

백마역 주변에는 카페가 많고 카페 앞에 돌아가던 물레방아. 촛농을 무시무시하게 흘리며 녹아가던 초들. 엄마가 화사랑에 짜장면 배달 갔다가 보고 온 강산에라는 가수. 촛농처럼 긴 머리칼. 머리칼처럼 휘날리던 천막. 야구 연습장에 녹색 그물. 공을 던지면 상품으로 주던 곰 인형. 우리집에서 멀지 않았지만 다른 세계 같았던 백마역과

귓병을 앓을 때도 서울 병원 가기 위해 탔던 경의선. 똑같은 풍경을 봐도 늘 신기했던 경의선. 밤에 돌아오는 길엔 사람이 많았던 경의선. 모르는 아저씨 아줌마들이 무릎에 앉혀주던 경의선. 자꾸 발가락에 힘을 주고 버티게 되던 경의선. 귀가 아픈지도 잊었던 경의선. 의자에 손가락으로 낙서하면 결을 따라 글씨가 생기던 경의선. 손바닥으로 쓸어내리면 글자가 지워지던 경의선. 내가 썼던 낙서와 내가 지운 그림들이 피어났다 저문 경의선. 무궁화호는 고급이던 경의선. 통일호가 신의주까진 가지 못한 경의선.

이제는 의자에 글씨를 쓸 수 없는 경의선. 차장 아저씨가 표를 찍어주

는 대신 카드를 찍고 내리는 경의선. 풍경을 봐도 더 이상 신기하진 않지만 깨끗하고 빠른 경의선. 아무도 모르는 아이를 무릎에 앉히지 않는 경의선. 백마역 부근의 카페들은 풍동으로 옮겨갔지만 아직 같은 철로를 달리고 있는 경의선. 멀리까지 이어져 있었다는, 먼 시간을 달리고 있는 경의선.

일산 신도시

오래된 아파트 단지에 오래된 나무가 있습니다.
모퉁이를 돌 때마다 커다란 나무
우거진 가지 밑에
누가 서 있지요.

요정 같은 건 아니고요.
개처럼 짖고 귀뚜라미처럼 손을 비비며
누가 서 있어요.
누가,
누가,
날 기다려요.

언제부터인지, 아파트가 처음 지어질 때? 터를 고를 때?
읍이 구로 바뀌기 직전? 아님,
내가 태어날 때?

거기 가만있다가
사라지는…….

배고픈 나는 발걸음을 빨리하지만
늘 모퉁이에서 멈춰 섭니다.
누가 있기 때문에.

누가
거기 있기 때문에.

허기가 가시질 않아요.

밤.
멀리 개가 짖고
구부러진

원당종마공원에서 묻기

빤히 접근 금지
갑자기 말이 차거나 물 수 있습니다.

내가 내 말로 당신을 얼마나 찼나요 당신을 얼마나 물었나요
말들은 설원 위에서도 평화로운데 나는 뒤이을 말을 못 찾고 입 다물어 버렸어요
사진을 찍고 말을 만지려고 기웃거리는 연인들
그들은 얼마나 부드러운 말을 갖고 있나요 얼마나 다정한 말을 기르나요
웃는 얼굴 순한 감촉
그 다정하고 부드러운 말들이 자꾸 새끼를 칠 테고 곧 들판을 서성거리거나
트랙을 달리겠지요 했던 말, 했던 말, 자꾸 빙빙 도는

우물거리는 말
풀을 뜯는 말
나는 하고 싶은 말이 많은데요, 또 당신을 물까 봐서요 조심스러워진 거죠
빤한 장난이에요
사랑을 속삭이는 연인들, 사랑을 속삭이는 말들
얼마나 많은 아이들이 자라나서 제 힘을 뽐내며 뛰어다닐까요
가만 놔두면 천방지축 사방을 메울

그런 말들이 튀어나올까 봐 나는 입을 다물고
아니 울타리를 치고

걷는 동안

안산천의 연인

첫 고백은 빨간 다리 밑에서
우리는 안산천변을 거닐었다

처음 손을 잡고
처음 발을 맞추고
처음
처음이라는 것

당신과 나는 그 후로 오래오래 행복할까요?
어떤 처음이 아득해지고
우리는 팔 년이 넘도록 안산천변을 걷고 있네
우리였던 기억들이 두 손을 잡고 팔짱을 끼고
투명한 우리로 영원토록 걷기 오랫동안
걷기

이젠 튤립도 핀다던데
우리 같이 갈까? 같이
걸을까?

그때와 달리 꽃이 피는 길을
오랫동안 걸을 수 있을 거 같은데
처음

아늑한 처음처럼

여행의 계획

늦은 귀갓길 경기도 순환 버스 뒷좌석의 우린
아직 닿지 않은 곳을 생각한다
두터운 목도리 속에서 떠올리는 따뜻한 별
이글거리는 보도블록 여름옷의 행인 부채질하는 손
모두 아련히 흔들리고
밤의 요람같이 흘러가는 버스
가물거리는 불빛들을 스쳐 가네
우리 뒤로 사라지는 시간들 시간들 우리였던 기억들

백 년 후에 나는 그대로 나일 거라고 믿어
죽어 없어져 내 목소리를 내지 못하더라도
나는 그대로 나였던 무엇일 거라고
낯선 여행에 대한 예감 속에
우리는 머나먼 것들에 가닿네
우리가 다녀온 갈대 습지 걸었던 호수공원을 되새기면
여행 전에 예상했던 것과는 달랐지만
좁은 의자에 끼어 앉아서 집으로 돌아가는 길
또 어디로 갈지 궁리하는 거지
지금 나는 아주 오래전의 내가 생각했던
나와는 다르다는 걸 알지만
계속 가고 있는 거야
그리하여 백 년이고 천 년이고 흘렀을 때

나는 지금의 내가 생각했던 것과는 너무도 다른
하나의 풍경으로 아른거릴 테니까
그것으로도 괜찮으니

사람이 줄어드는 순환 버스 안
집으로 돌아가는 길을 꼽아보는 것으로
새로운 여행은 시작되고

김영자

화성 행궁
궁평항
만수저수지
갈매기가 된 남자
궁평항 횟집 여자
눈매 고운 서운산
대부도
안성천의 봄날
팽성 객사
입파도

화성 행궁

포대 위에
검푸른 등허리로 사내들이 엎드려 있다
거친 숨결을 들으면 밤을 지새운 달빛이 덮인다
돌담마다 잠자던 숨결들이 깨어나고 있다
운한각에 머물던 정조가 걸어 나오고
마구간의 말들도 어슬렁거린다
순식간에 기마병들이 연무장으로 집결한다
성 밖의 백성들이 눈을 부비며 쏟아져 나온다
왕이 가난한 백성들에게 쌀을 나누어주고
흐뭇한 미소로 바라본다
아전들이 백성의 고충을 받아 적는다
왕이 연무대로 활을 쏘러 간다
화살이 빗나간 듯 말들이 놀라서 뛰어간다
기마병이 돌담으로 숨어든다
백성들이 성 밖으로 흩어진다
적막한 밤의 뒤주 속에서 울음소리 들리자
정조대왕도 모습을 감춘다
성을 지키던 남자들도 달빛 속으로 사라졌다
화성 행궁에는 수백 년의 숨결이
성벽을 타고 넘실거리고 있다

궁평항

물 위로 뛰어오르던 고래들 모두 떠나간 자리
바다가 시커먼 등가죽을 드러낸 채 서성거리고 있다
궁평루 아래에는 갈매기들이 소란스럽다
저녁노을은 점점이 수평선 쪽으로 기울고 있다
고래들은 먼바다로 나갔는지 돌아오지 않는다
거북등같이 말라가는 항구
몸 구석구석을 파헤치는 사나운 짐승들로 상처가 나고 있다
바람이 불어오는 포구 쪽으로
물살에 실려 돌아온 어선들이 정박해 있다
어스름 저녁이 되어서야 고래 떼가 몰려온다
함성을 지르며 노을들이 고래와 춤을 춘다
내 몸 깊은 곳에 숨었던 지친 고래 한 마리도
바다로 뛰쳐나가고 있다
궁평항 갯벌에는 싱싱한 고래 떼가 살고 있다

만수저수지

물가에 오남매를 놓아두고
엄마는 자꾸 가슴에 열이 난다고 하였다
달빛 가득 끌어들이는 저수지 밤 물속에서
가끔씩 붉은 꽃대가 올라오곤 하였다

엄마는 저수지에 아이들을 데리고 나가
몇 번이나 신발을 벗어놓고 수면 위를 걷다가 되돌아섰다
검은 물체가 후다닥 사라지는 어둠 저 너머로
물결이 일으키는 작은 파문만이 밤의 정적을 깨트렸다

아버지가 땅, 집문서를 하마 입으로 삼켜버린 뒤로
오남매는 저수지 가에서 들꽃 무더기같이 자랐다
빚진 이웃들 가시덩굴이 엄마를 찔러서
때로는 저수지가 피로 흘러넘쳤다

엄마 홀로 지키던 그 물가의 꽃대
어느 세월에 활짝 피워낸 오남매
물살이 상처 보듬어주던 만수저수지에
오늘은 꽃물결이 일고 있다

갈매기 된 남자

그 남자 하루 종일 차를 타고 전곡항에 도착한 시간은 오후 네 시 유람선이 엉덩이를 들썩거리며 그를 태운다 뱃고동 소리에 새들은 떼 지어 날아들어 허공의 입을 쪼아댄다 새우깡에 길들여진 입들이 멀리 날아가 검푸른 파도와 싸울 때

전곡항에 도착하기 전까지 남자는 책상에 납작하게 엎드려 살았다 온 세상을 훨훨 날아가던 날들도 있었지만 어느 날부터인가 날개를 펴는 열망의 시간이 사라졌다 가족의 먹잇감에 이웃과 불화를 일으키지 않으려고 그는 온몸을 갑각류 같은 치욕으로 껴입고도 무리에서 이탈하지 않으려고

먹이를 받아먹지 못한 외눈박이 갈매기가 실종되고, 바다 위에 시체로 둥둥 떠다녔다 여행객들이 던져주는 먹잇감에 길들여진 새들의 날개가 서서히 퇴화되고 살아남은 새의 입부리도 먹이에 닿자 순간 움찔한다 새들의 퇴화된 날개가 어느새 남자의 겨드랑이에서 솟아나는 걸 보았다

궁평항 횟집 여자

바다가 들어온다
바닷바람이 그녀를 몰고 온다

바람벽에 붙어 있는 광고 속 그녀는 가슴이 훤히 내비치는 실크 옷을 걸치고 미묘한 웃음을 웃고 있다. 미끈한 다리와 늘씬한 허리를 따라 올라가 광고 속 그녀가 들고 있는 소주를 빼앗아 홀짝홀짝 마시고 있는 여자,

바닷가에서 태어나고 성장하여 몸에 배어 있는 짠 냄새가 싫다며
서울로 도망쳐 해풍 냄새 하나도 풍기지 않는 남자를 만나

교장 선생으로 퇴직한 아버지 퇴직금을 몽땅 날린 채, 벽지에 붙은 여시 같은 여자랑 도망간 두 잡것을 잡아서 궁평항 젓갈로 푹푹 절여준다고 여기저기 찾아 헤매다 왔는데, 회칼로 등 푸른 생선을 내리치던 노총각 눈에 띈 광고 속 그녀와 실랑이를 벌이며 소주를 마시던 해풍 냄새 나는 여자, 첫사랑 그 여자, 떨리는 손으로 술을 건네주던 남자의 손목에 이끌려 살아온 지가 벌써 십 년이 넘어가고

남자의 곰삭은 사랑으로 횟집 여자
몸 안에 짙푸른 파도가 출렁이다.

눈매 고운 서운산

그대 언제나 그 자리에 서 있다지만
오늘은 안개구름 휘감고 더 먼 곳에 가 있군요
처음 만나던 깊은 골짜기
아늑하고 따뜻하게 허리 휘감던 흰 구름
그날 심장으로 붉은 해 하나 들어왔지요
오랫동안 승냥이 울음만 들려서
힘겨워 자꾸 삐어져나가는 내 몸을 가려
비바람 막아주기도 하였지요
짐승들에게 길을 내어주는 숲길을 따라
지친 어깨로 찾아가면
짐승들에게 길을 내어주는 숲길을 따라
피어나는 풀꽃들의 수줍음
부드러운 능선 길에 안기고 싶어 뒤척이는
나를 바라보는 눈매 고운 서운산

대부도

바다가 저를 들어 하늘 따라가고 있다

갯벌이 내어주는
어스름 속에 서 있는 겨울 산
산은 갯벌로 돌아오고
갯벌은 어느새 바다가 되어간다

먼 바다를 드나들던 새들에게도
쓸쓸했던 기억들로 자꾸 기어오르는
파도 갈기 세우던 날들 있었으리라

해안선으로 달려와 철썩 내리치는 파도
몸을 굽혀 듣고 있던 하늘
저의 빛깔들 모두 바다에게 내주고 있다

안성천의 봄날

안성 평택 들녘 싸지르며 메마른 사타구니 흠씬 적시며
햇빛도 끌어들이고 허기진 겨울 꿈도 끌어들이며
그 여자 탱탱하게 불어난 젖몸살을 앓고 있다
부드러운 젖살로 세상의 꽃잠 열고 있다

그 여자 음습한 골짜기마다
내통하던 사내들 불러모은다
바람을 흔들어 폭풍 같은 꽃눈으로 대지를 발설하며

그 여자 품으로 뭇새들이 들고 있네
깊은 봄을 누설하며
푸른 알들이 쏟아지네

팽성 객사

삼남과 한양을 잇는 길목에 밤의 성을 세워놓고
그는 누구에게도 잠자리를 내주지 않았다
지친 나그네의 저녁이 기웃거려보지만
그에게 와서 누구도 유숙을 청할 수 없었다

숱한 잠이 무수한 별들로 마당 안에 흘러넘치고
밤새껏 허기진 발걸음들이 종종거리지만
밀려드는 코고는 소리에도 어둠의 숨소리에도
그는 불면의 밤의 팔을 풀지 않았다

이제 팔이 없는 그의 몸이 밤의 시간을 벗어내린다
그의 기울어지는 어깨 너머로 낯선 그림자가 길게 끌린다
제비꽃들 키득거리는 마당 안에
어느새 민들레 꽃씨들이 잠의 깃털을 휘날리고 있다

입파도

갯벌에서 건져 올린 낙지 듬성듬성 썰어 내면
접시 위에 바다가 꿈틀거린다
한나절 내내 진한 농을 파도 자락에 풀어놓으며
소란스럽던 낚시꾼도 떠나가고
구릉지대에 붉은 노을이 짙게 깔리는 입파도
하루 종일 푸른 바다만 바라보던 흰 등대가
어둠이 밀려오자 놀란 눈을 깜박거린다
전곡항, 궁평항 저쪽에서
허연 이빨을 번득이며
거대한 상어 떼가 몰려오고 있다

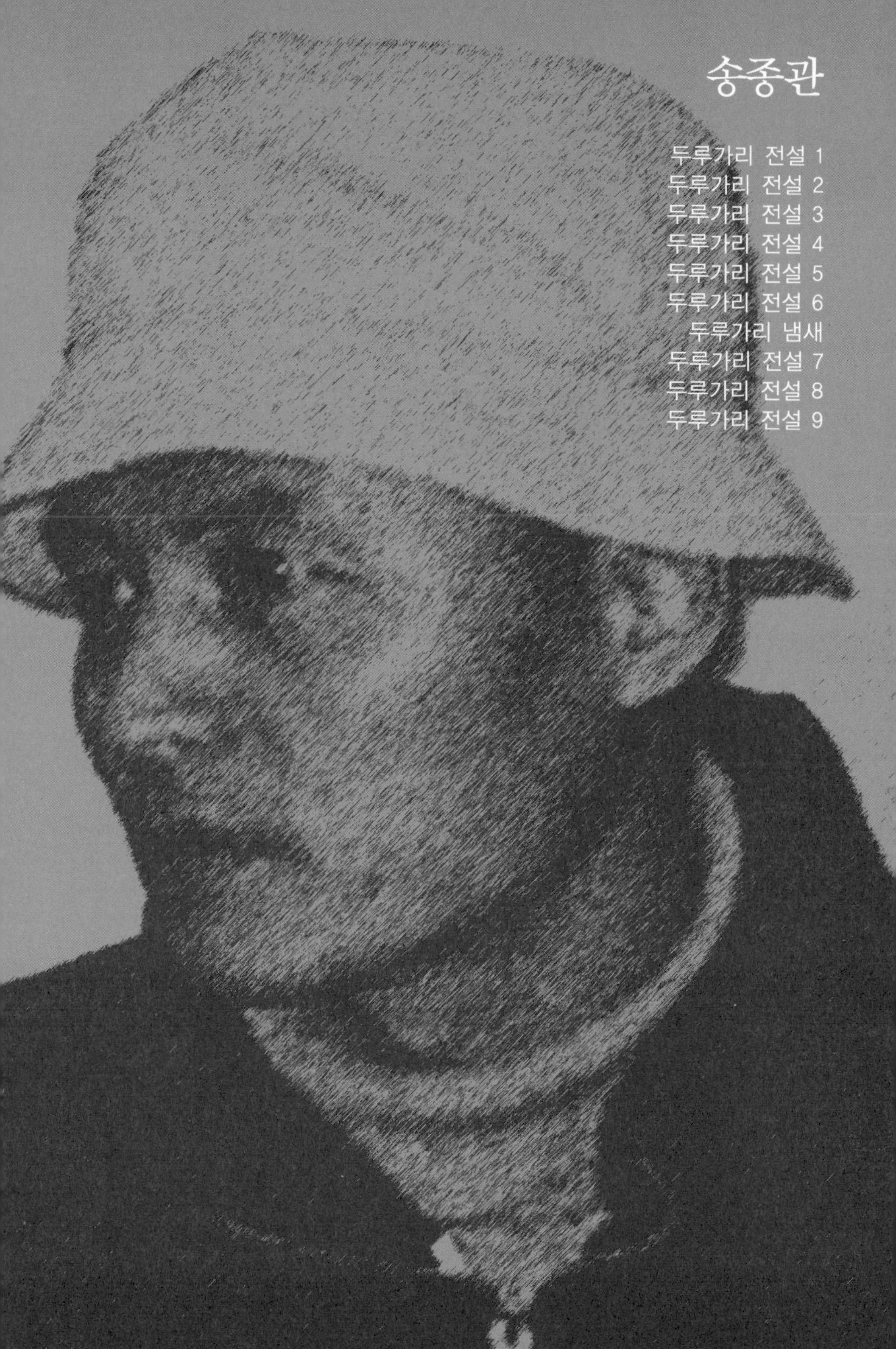
송종관
두루가리 전설 1
두루가리 전설 2
두루가리 전설 3
두루가리 전설 4
두루가리 전설 5
두루가리 전설 6
두루가리 냄새
두루가리 전설 7
두루가리 전설 8
두루가리 전설 9

두루가리 전설 1

개울이 뱀처럼 굽었다

가느다란 뱀 허리에 학교와 마을을 잇는 나무다리가 있고 다리 옆에는 버드나무가 산다 버드나무 산발한 머리칼은 엄동설한 얼음 눈물 매달고 주렴처럼 흔들리고 냇물 속 피라미들은 좁다란 얼굴을 얼음 창문에 비빈다 마을에는 노인들이 산다 삼삼오오 모여서 볕을 쬐는 노인들의 흰머리에 고드름 녹은 물이 떨어진다 앗, 뜨거 깜짝 놀란 노인이 한순간 무덤으로 가고 마을에는 정적이 감돈다 솜이불처럼 두터운 마을의 정적은 오래 묵은 것이다 그러니 별일이야 있겠는가 아이들 웃음소리 들어본 지 하, 오래라 가물거리는 귓가에 밤고양이 울음소리 얕은 잠을 깨우고 무덤 속과 다를 바 없는 이 속을 헤쳐나가기는 종내 틀린 것 같다 유언처럼 잠드시는 어머니 마당 가득 봉분처럼 쌓인 눈 속에 먼저 간 사람들 궁상이 오히려 생기가 돈다

두루가리 전설 2

쫑이 엄마는 실성한 사람이었다

새마을운동 시절 주사가 심한 남편이 결핵으로 먼저 가고 난 후 남은 아이들과 헝클어진 세월을 어찌 살아냈는지 두더지 굴속 같은 집안 사정은 아무도 몰랐다 아이들은 세월과 함께 똘배처럼 자랐다 맏아들은 장가를 들어 월계동 어딘가에서 호프집을 한다 하고 작은 아들은 창원에 있는 자동차 공장에 다닌다 한다 쬐그맣던 딸들도 다 자라 제 둥지를 틀어 사는데 그 아버지 각혈 쏟던 집에는 엔간해서 내려오지 않는다 집은 낡을 대로 낡아 흙벽 귀퉁이가 시나브로 무너져내리고 기와집 지붕에는 잡초가 무성해 가을바람 불 때면 들판을 얹은 듯하다 넋을 잃고 낡아가는 집이 간신히 버티고 있는 모습은, 그 안에 겨우 숨이 붙어 있는 누군가 집 떠난 이들을 기다리지도 않으면서 한 땀 한 땀 간신히 숨을 이어가는, 꺼지지 않는 목숨을 조심스레 지키고 있는 듯하다

두루가리 전설 3

냉이 아버지는 절름발이였다

옥수수 강냉이 뻥튀기 기계를 리어카에 싣고 이 마을 저 마을을 다니면 리어카에 실린 한평생이 멋대로 기우뚱거렸다 아이들이 공부를 잘하는 것이 냉이 아버지의 자부심이었다 잘 자라는 아이들의 애비 노릇만으로도 가난은 문제가 아니었다 마을은 그렇게 쉬지 않고 늙어갔다 마을을 떠난 아이들은 돌아오지 않았다 아이들이 다니던 초등학교는 폐교가 되었고 아이들이 놀던 시냇물은 잡초 우거진 잔또랑이 되었다 고샅에 울던 까치만 훨씬 사나워져서 사람이 가까이 가도 도망가지 않고 오히려 사람에게 대들어 뭐라 꾸짖는 듯하다 너희들이 마을을 지켜낸 것이 무엇이냐, 무엇이냐, 성난 까치들이 창 같은 다리를 깡총거리며 파수병처럼 지키고 있다

두루가리 전설 4

삶에서 패망한 후에 돌아오는 사내를 보라 두루가리 실개울은 전보다 훨씬 야위었다 어릴 때 발가벗고 놀던 돌팍은 버드나무 실그늘 아래서 말을 잃었다 많이 늙었구나 친구여 어느 곳에서 무슨 일을 하고 왔는지 차마 물을 수가 없구나 금의환향하리라던 꿈 벗어던지고 까무잡잡한 병인이 되어 돌아왔구나 막차에서 내리니 마을은 어둠에 잠겨 있다 사람들은 그대를 알아보지 못할 것이다 마을은 눈 내리는 저녁마다 작은 등을 밝히고 그대를 기다린 것은 아니지만 그대는 어쩐지 실개울 다리목에 그런 약속을 두고 간 것 같구나 동구 밖 흩어지는 그대 그림자를 쓸어 담는 달빛이 차갑고 살갑다 오랜만에 돌아온 사내가 굵은 눈물방울 떨구는 마을은 그런 곳이다

두루가리 전설 5

달빛 말간 구월에 달구 아버지가 농약을 먹었다

약을 어찌나 먹었는지 배가 불러서 트림을 다 했더란다 그러나 헛배가 불러서 땅바닥을 뒹굴어 냇가로 기어갈 적에 그 아들 달구는 보이지 않았더란다 일하는 것과 잠자는 것과 밥 먹는 것밖에 모르는 사람이 어찌 그랬을까 사람들은 떨리는 심정으로 남은 식구들이 이삿짐을 싸는 것을 보았다 서너 마지기 논을 아들이 사업에서 말아먹었단다 쯧쯧 그깐 일로 세상 버리다니 한심한 사람 같으니라구 가뜩이나 비워져가는 마을을 마저 비우려는지 마을 한가운데 달구네 집 마당에는 말간 달빛 아래 사람 그림자가 없다

두루가리 전설 6

아버지가 돌아가셨다 향년 칠십삼 세

그곳에서 나서 그곳에서 살다가 그곳에서 돌아간 아버지는 마을을 사랑하였던가 아버지의 사랑은 황무지 돌밭에 엉키고 뒤엉켜서 한세상 풍성지게 얼크러졌던 것인가 아버지의 한 줌 사랑을 작은 단지에 담아 나무 그늘에 심었다 이가 성치 않았던 아버지 웃음이 사과 꽃잎처럼 날렸다 바람은 꽃잎을 띄워 강으로 가고 강에는 부지런한 형이 황천길 거룻배 한 척 마련하고 있었다 낳았던 자식이 먼저 가서 기다리는 길을 아버지는 어떤 심정으로 거닐 것인가 바스라지는 칡 이파리를 구겨 닦아내는 눈물이 남은 식구들을 한데 모았다

두루가리 냄새

메주에서는 메주 냄새가 난다
메주를 삶으려고 가마솥에 부어놓은 콩에서는
수숫대와 함께 흔들리던 들판 냄새가 나고
잘 익은 들판에서는 꼬리를 잇대고 달리던
노루 냄새가 난다

메주를 달아놓은 방에서는
조상님 냄새가 난다
너는 곰삭은 핏줄이었구나
덜컹거리는 마차에 쟁기를 싣고
콩밭을 갈러 나가던 부지런한 종족이었구나
둥근 양푼에 된장 얹은 보리밥을 썩썩
비비던 잘되는 농사꾼이었구나
막걸리에 취하면 노루를 베고 잠들던
태평한 생물이었구나

너는 그 땅에서 나서 그 땅에 돌아가리
아무리 먼 땅을 살피러 밤을 도와 다니다가도
군불 지핀 방 안에 메주 뜨는 냄새와 함께 누우리
뒷동산 노을만큼 오래되었지만
한 시절 아랫목에서 굳은 메주 같은 약속을 지키리
이 땅에서 나온 것들은 이 땅으로 간다

그것은 가장 자연스러운 약속
한 번도 잊지 않는다

두루가리 전설 7

마실 오는 사람들의 어깨에 흰 눈이 소복하다 솔기 틀어진 국방색 점퍼들을 입고 있었지 먹을 것을 내올 만하지는 않았을 테고 놋쇠 화로 식은 재를 뒤적거리며 지나간 얘기들이나 주워대는 것이었겠지 서낭당을 지나다가 귀신을 보았다는 얘기 나무를 하러 갔다가 너무 배가 고파서 귀신이 먹던 것을 깨물어 먹었다는 얘기 꽁꽁 언 과일을 깨물다가 이가 빠질 뻔했더라는 얘기 키득거리는 웃음이 가래 섞인 목소리에 쟁쟁하다 흰 눈과 지붕 낮은 초가집 외에는 볼 것이 없는 사람들 머릿속에는 재미난 얘기들로 가득했을 터, 마을은 그들이 쌓아놓은 얘기들로 그득하게 덮여 온 마을이 겨우내 하얗게 묵었다

두루가리 전설 8

배서방네 베트남 며느리가 아이 셋을 낳고 고향으로 돌아가버리고 난 후 집에는 남자만 다섯 남았다 시어머니 자리는 진즉에 췌장암으로 돌아가고 아이들 고모였던 맏딸도 결혼 실패 후 약을 먹고 세상을 버렸다 아버지 친구이기도 했던 배 씨는 중풍 맞은 몸으로 쓸쓸한 집 안팎을 돌아보고 요양원으로 가기로 결심했다 셋이 합쳐서 열 살이 채 안 되는 손주들은 보육원으로 보내기로 했다 정작 당자인 아이 아빠는 술로 세월을 보내는가 세상만사 의욕을 버리고 짧은 소주병에 자꾸만 입이 간다 훌훌 털어버리면 좋을 것 같은 생애를 접고 어디 먼 길을 꿈꾸고 있는가 뱀처럼 스멀거리는 낭자한 길이 그의 지친 몸을 감아 올라가는 중이다 아서라 그래도 길은 끝이 없을 것이다 가다 보면 그럭저럭 견딜 만한 평탄길도 만나지 않겠는가 낡은 서책 갈피 짜부라진 네잎클로버라도 건네고 싶었다

두루가리 전설 9

누군가 버리고 간 사람 하나 두루가리에 찾아들었다 그는 비 오는 날 자전거를 타고 다녔다 버려진 개들이 뒤를 좇았다 버려진 닭들이 좇을 때 그는 양은솥에 물을 끓여 따르는 개들과 나누어 먹었다 마을에서는 그를 낭군 서방이라고 불렀다 서낭당 근처에 그의 오두막이 있었기 때문이다 아이들은 돌을 던져 낭군 서방의 머리를 맞췄다 모자 밑으로 피가 흘러도 자전거는 멈추지 않았다 사나워진 개들이 그를 지켜주려 짖었지만 끽끽거리는 자동차 바퀴에 털북숭이 귀가 깔렸다 낭군 서방은 멈추어 뒤를 돌아보았다 빨간 노을이 두 눈을 채웠다 그것이 그가 사람들에게 보여준 마지막 눈물이었다 이후로 아무도 그를 본 사람이 없었다

이은유

배태리 가마터를 지나며
죽주산성에 올라
와우정사에서
겨울 칠장사 1
겨울 칠장사 2
청룡사 꽃 소식
칠현산 오동나무
생의 간극-이천 산수유 마을
다시, 스물세 살-서정동 엘레나
금광저수지

배태리 가마터를 지나며

배태리 마을 가마터, 전생이 사기공이었다는 남자와
언덕배기 제일 높은 곳에 그림처럼 있는 집.
그 집 황토방,
아궁이에 쪼그려 군불 지피는 남자의 참한 아낙이 되어* 살겠네.
말없이 나긋나긋한 남자의 그림자로 살겠네.
언제나 잔물결같이 고요하기만 하겠지만
어쩌다 격랑이 몰아칠 때면
자신도 모르게 되바라져 불처럼 타오르겠네.
남자가 텃밭에 나가 고랑에 씨를 뿌릴 때면
툇마루에 배 깔고 누워 거드름도 피우겠네.
한없이, 한없이 게을러져서
밥할 생각은 안중에도 없고
남자가 일 마치기만을 기다려
수건을 탁탁 털며 들어서는 순간
막걸리나 퍼마시자고 하겠네.
때로는 살림은 뒷전인 채
느릿느릿 하루하루를 보내다가도
산골의 외로움에 울먹울먹 떼라도 쓸 양이면
땀내 나는 가슴팍에 안겨 질펀한 잠에 빠져들겠네.

---

* 김사인의 시 「부뚜막에 쪼그려 수제비 뜨는 나 어린 처녀의 외간 남자가 되어」에서 차용.

남자, 토닥토닥 등을 토닥여주기라도 한다면
더할 나위 없이 좋겠지.
다소곳하고 여리기만 한 여자
남자에게만은 칭얼대고 보채는
철없는 아낙이 되어 살겠네.
이 정도면 발칙한 사랑 얘기라 할 수 있을까.
와도 막지 않고 가도 잡지 않는
어느 이름 모를 여인 하나
슬그머니 들어왔다 나가도
그저 그냥 눈감아주는 집.
그런 집에 숨어들어 한 시절을 난다면
그만 훌쩍 시집가고 싶어지겠네.

죽주산성에 올라

혁명이 일어나던 밤, 바람이 불었던가요.
강 건너 집에는 불빛이 반짝이는데
바람 부는 집은 활활 타올랐지요.
당신은 횃불을 들고 그 광경을 지켜보았던가요.
바람 부는 집 앞에서 사람들은 수군거렸지요.
혁명을 완수하면 바람이 멈출 거라고
이제 혁명만이 남을 거라고.
바람은 사랑을 되돌려놓지요.
바람이 잦아들면 혁명도 끝난다고
혁명이 끝나면 첫 손님이 온다고 했던가요.
혁명이 오는 밤, 다시 사랑이 온다지요.
바람이 지나간 후에,
당신이 떠나간 후에.

와우정사에서

열흘 동안은 늙을 것이다
잠이 오지 않는 밤
차들은 밤새도록 머리 위를 달릴 것이다
흰 달은 눈동자 속에서
눈 뜨고 지나갈 것이다
애인은 달아날 것이다
비행기 타고 배 타고
히말라야로
티베트로 숨을 것이다
땅이 꺼지듯 주저앉을 것이다
비가 쏟아질 것이다
열흘 동안은 허용되지 않을 것이다
질주의 순례를 마치고
하얗게 갇힐 것이다
열흘 동안은
열흘만 늙을 것이다

겨울 칠장사 1

세상을 덮어버렸어요.
저렇게 하얗게,
저도 모르게 덮쳐버린 눈 속에서 속살들은
얼마나 아팠을까요.
아, 아아악, 비명도 지르지 못하고.

나도 그만 지워버렸어요.
무엇이 남았을까요.
당신이 남긴 발자국만 남았어요.
그냥 오시지 말지 그랬어요.
그렇게 가시지 말지 그랬어요.

보이세요.
당신이 디딘 발자국 밑에
눈이 흘린 통곡을,
당신은 진액을 묻히고 돌아갔잖아요.

댓돌 위에
당신이 신발을 벗어놓고 들어가면
눈은 밤새 당신을 그리워하다 울고 있을 거예요.
새벽녘이면 딱딱하게 결빙되어
당신은 댓돌 위에 붙어버린 신발을 떼어내느라

그 눈물을 탁탁 털어버리겠죠.

눈은 세상을 덮어버렸는데
나도 그만 지워버렸는데
통증만 남았어요.
그 겨울만,
눈 내리는 날만 까맣게 남았어요.
화석이 되어 박혔어요.

겨울 칠장사 2

눈이 내려요
아니 눈발이 날려요
눈송이가 아니라서 가혹한 눈발이
쌓이지 못하고 흩어져버리는
세상에서 가장 가혹한 눈발이 날려요

흰나비 떼였다면
팔랑팔랑 가뿐한 웃음이겠지만
저 사라질 눈발들은
그치다 그치다가 말겠지요

창가의 낯선 두드림처럼 집에 들어가지 못하는
저 눈발들은 집으로 돌아가지 못하고
집에 왔다는 말
집이라는 말
세상에서 가장 슬프게 들려요

저 눈발들은 어디로 사라질까요
그 흩날리던 눈발들은 다 어디로 사라졌을까요
눈송이가 아니라서
흰나비 떼가 아니라서 가혹한
성깃성깃한 눈발이 형벌처럼 날려요

저 눈발들은 서러운 눈물이 되겠죠
흰 눈은 되지 못하겠죠
당신을,
당신을 가질 수는 없겠죠

청룡사 꽃 소식

개나리가 폈다가 지고
은행나무가 잎을 틔우고 무성해지고
새날이 왔다가 가고
벚꽃이 지고 나니
배꽃이 피네.
꽃이 피고 피는 것을 보고 보니
모과가 모란으로 잘못 읽히고
아무래도
꽃이 피기 전부터
커다란 모란꽃이 보고 싶었던 걸 거야.

살구꽃이 필 때 놀러 갈게
안부 물어볼 사이도 없이
꽃 소식 듣지 못하였는데
사람이 지고
꽃이 지네.
짧은 날,
일찍 지는 꽃 있다 하니
꽃이 지기 전에
아무래도
큰 모란꽃이 보고 싶은 걸 거야.

칠현산 오동나무

그늘에 방치하였던 나무를 곁에 두었다
잎사귀가 빳빳하게 살아났다
햇빛을 먹고 나무가 자라고 있다
나무는 햇빛이 필요했던 것

나무와 함께 잠을 잤다
방 안이 환해졌다
뻗쳐오르는 나무의 기운이 전해졌다
나무는 관심이 필요했던 것

그늘에서 나무는 외로움을 앓고 있었다
나무가 옮겨오기 전
이 방도 영양결핍이었기는 마찬가지
나는 나무를 보고 자라고 있다

나무의 기운이 든든한 양분이 되어주었으니
방에 나무가 필요했던 것
나에게도 관심이 필요했던 것

나무를 닮아보려고 애를 썼다
나무의 기운만으로도 절반이나 삶이 의연해졌다
절반만 닮을 수 있어도

절반만큼만 가까워져도 되었다

마른 잎이 떨어졌다
나무는 적당히 자라고 있다

생의 간극
이천 산수유 마을

그곳에서는 차마 먹지 못했다
먹을 수 없었다
세 개의 모서리와 꼭짓점을 이루어 만든 삼각김밥
생의 지점에 들어와 죽음의 문을 나서는
이승의 운명을 넘나드는 것 같은 삼각김밥
삶과 죽음이 맞물리듯
죽음의 모양, 그대의 무덤이 되는 것일까
그대가 떠나고 없는 날
조문객들이 밤을 지새우는 동안 먹었던 컵라면을
그날에는 먹고 싶지 않았던 컵라면을
오늘은 왜 삼각김밥과 함께 먹고 싶은 것인지
어느 먼 여행지에서 돌아와
후유증을 앓듯 생각나는 것들, 먹고 싶은 음식들
이상도 하지
부랴부랴 먹고 있는데도 맛은 하나도 없는데
자꾸 그날이 떠오른다
자꾸 그곳이 생각난다
꾸역꾸역 넘어가는 것이 상처일까 그리움일까
돌아갈 수 없는 그때를 오래 살고 싶은 것일까
굳이 돌아보지 않아도 저절로 돋아나는 뜬금없는 미각처럼
지워지지 않는
지나고 나서야 삶을 가르치는 오랜 흔적

생의 사이사이에 무슨 일들이 있었나
머물고 싶은, 또 한 생이 지나가고 있다
삶의 그림자인 죽음
지금 조금씩 삶이 완성되는 죽음을 씹어 삼키고 있다
삶의 이면인 죽음을 천천히 받아들이고 있다

다시, 스물세 살

서정동 엘레나

그런 시절이 있었지
날뛰던 만큼 상큼하던 때
그래, 그래도 그때처럼
여전히 선머슴 같은 나를 사랑할 테야
그래, 그때처럼
그런 나를 보고도 청순하다고 말해주는 남자가 있으면
백일 정도는 살아줄 테야
나, 이제 발랄함은 온데간데없는 독기 빠진 여우
그러니 여우의 탈을 쓴 그저 천상 여자인 척하는 거지
다시, 스물세 살
그런 시절이 있었지
주머니에 가득가득 불안을 집어넣고 다니던 때
사랑에 기대어도 사랑을 불신하던 때
손톱을 세워 당신을 만나던 때
오래전 모습이지
당신이 기억할지 모르겠지만

금광저수지

나는 죽을 것처럼 움켜쥐었는데
당신은 펑펑 울었고
당신은 생각 생각만으로 애달파하고
나는 야위어갔고
나는 사랑하길 바랐는데
사랑을 받기만 했네.

지난날 내 살을 파먹은 격랑
나는 당신을 몰랐고
당신은 사랑을 주기만 하고
나는 지금도 모르겠네.

한우진

가을의 급소(急所)는 옷소매 같다
오빈리
이수(螭首)
탈관(脫棺)
오달제(吳達濟)
담배 한 대가 타는 동안
은산
용구처인가(龍駒處仁歌) 1-초제(醮祭)
용구처인가(龍駒處仁歌) 2-명부
한탄강

가을의 급소(急所)는 옷소매 같다

칡뿌리기 칡냉면 한 그릇 해치우고 서늘한
삼패동 소쿠리 마을*을 바라본다. 삐거덕
단풍이 어느새 제 빛깔에 빗장을 건다.
자결한 성리학자(性理學者)가 강기슭으로 내려온다.
춥다. 가을의 급소는 옷소매 같다.
삐걱삐걱, 강으로 달려들던
개울이 돌멩이 물고 단추를 채운다.
꽃들은 무릎을 꺾고 소리를 덮는다.
발목이 욱신거린다. 별이 쌓인다.
저녁이 강 끝에 불의 눈을 높게 매단다.
급소(急所)를 가진 것들은 외롭다.

역사의 급소는 패자(敗者)의 유배지에 있고
가을의 급소는 옷소매 안에 있는 것만 같다.
건드리면 아프다.
가을은 뼈 있는 것들을 소리 나게 한다.
삐걱삐걱, 소리를 채는 사슴이다.
쫓기는 사슴의 그늘처럼
패자의 유배지, 건드리면 아프다.

---

* 김식(金湜, 1482~1520, 조선 전기의 문신·학자. 사림파의 대표적 인물이며 기묘팔현己卯八賢 중 한 사람)의 묘가 있는 남양주의 마을 이름.

뱀이 누른 갈대와 같다.
자결한 성리학자와 악수를 한다.
그의 뼈가 내 손에 만져지자
내 등허리에서 나뭇가지 펄럭거린다.
슬슬 바람에 뿔이 돋는다.

녹사불택음(鹿死不擇音)*, 다른 말로는
결사항전의 사슴이다.

* 사슴이 죽게 되었을 때, 숨을 곳을 면밀히 가리지 않고 질주한다는 뜻. 여기서 音(소리)은 蔭(그늘)의 뜻으로 쓰인 것, 즉 그늘진 곳, 또는 숨을 곳.(春秋左氏傳)

오빈리*

노부부
아침 일찍 흩어졌다가
손톱 밑이 새까매져서는
상추 잎의 물방울 그대로
서로
밥상의 밥처럼 얹혀서
고추밭에서 나온 손을 내민다
어서 먹으라고
먼저 드시라고

까마귀 목덜미에 부은 물이 발등으로 흘러내리는 저녁
휴대폰 꺼내 들고 문자를 친다

아내여
나는 가짜다, 나는 사기(詐欺)다

* 경기도 양평군 양평읍 오빈리.

이수(螭首)

여름 뻐꾸기 청계산 골짜기를 물고 지나가다

청계산 줄기 밑에서 힘겨워 울다

덕분에 목왕리(木旺里)* 나무로 빽빽하다

구름이 빗돌에 교룡(蛟龍)을 새기다

서로 얽힌 반룡(蟠龍)들, 소북이냐 대북이냐**

벼루에 갇힌 세월 뒤틀다

돌무더기 치솟아 하늘을 찢다

이마에 푸른 물방울 튀다

---

* 경기도 양평군 양서면에 있는 마을. 한음 이덕형의 묘소가 있다.

** 붕당 정치 당파 중의 하나인 소북파(小北派) 대북파(大北派), 1613년(광해군 5년)에 대북파가 일으킨 계축옥사(癸丑獄事)로 이항복과 더불어 이덕형도 화를 당했다.

탈관(脫棺)

관을 민다. 종이를 채우고 흙을 뿌린다. 흙이 맵다. 댓잎이 눈을 엮는다. 눈을 닦달한다. 탄현면(炭縣面) 문지리*, 눈발이 서성댄다. 들머리에 내처 들어앉았던 강이 버선발로 후다닥 눈을 받듯이 마을 허리께 흙마루가 한 사람의 추위가 담긴 목관(木棺)을 덥석 받는다. 열매를 매단 무룬나무** 잔가지들이 길을 비튼다. 한철 이끼들이 하늘에서 슬레이트 지붕으로, 땅으로 번진다. 싹 트는 흰 이끼들, 산벚나무 등이 굽는다. 돌배나무도 따라서 휜다. 그 모습이 나란히 아궁이 앞에서 불을 고백하는 자매지간 같다. 관을 푼다. 깊은 곳에서 퍼 올린 흙을 만진다. 관을 벗긴다. 종이를 덮고 흙을 고른다. 느리고 긴 슬픔이 차오른다. 덜어낸 눈물로 초록을 감당할 능선을 만든다. 눈이 뜨기 시작한다. 눈이 눈을 민다. 눈은 솟아오른 죽음을 향해 세차게 배가 되어 나무들 사이로 돌진하며 부서진다.

---

* 경기도 파주시 탄현면에 있는 마을. '문지리(文智里)'는 파주가 배출한 '황희 정승처럼 문장이 뛰어나고 지혜로운 인물이 많이 태어나라'는 뜻으로 조선 시대 문종이 직접 지어준 지명이라고 한다. 마을 앞에는 임진강이 흐른다.

** 사철나무의 일종. 열매 껍질에는 십자형 선이 나 있다. 한겨울이면 이 금이 네 쪽으로 갈라져 열매보다 더 붉은 인주 색깔 씨앗주머니를 내민다.

오달제(吳達濟)*

나뭇잎을 거머쥐고

면벽(面壁) 28년

더 이상 벼릴 것 없는 면도날이 되었을 때

낮달을 도려낸다 심혈을

쏟아 냉수에 담갔다가 삼킨다

청천극약(青天劇藥)

한 알!

* 자는 계휘, 호는 추담(1609~1637). 윤집, 홍익한과 더불어 삼학사(三學士)의 한 사람. 경기도 용인시 원삼면 학일리에서 태어났고 평소 차고 있던 요대만 묻힌 묘는 용인시 모현면 오산리에 있다. 평택시 이충동에는 조광조와 오달제의 충절을 기리는 '충의각'이 있다.

담배 한 대가 타는 동안

옅은 구름이라도 풀어서
맑은 빛을 얼룩지게 하지 마라*

담배 한 대가 타는 동안 나의 부정(否定)은
절정(絶頂)에 이를 것이다
담배가 고스란히 재가 되지 않고 담배가
고스란히 연기가 되지는 않고
나의 부정(否定)은 고스란히
정치면(政治面)에 얽매이지 않으리라
밖에는 비가 오고 비가 오는 동안
꽃들의 귀, 꽃들의 귓밥은 절정(絶頂)에 이를 것이다
비가 오는 동안 나의 부정(不貞)은 떨어질 잎이어도
떨어지지 않을 꽃잎이어도
줄기차게 떨어질 각오를 한다

담배 한 대가 타는 동안 비가 그치고
생활의 여유가 그치고
나의 부정(不貞)을 밟고 지나가는 자여

* 경기도 양평군 서종면 노문리에 위치한 화서 이항노(1792~1868)의 생가 뒤편 노산사 앞 제월대에 새겨진 글귀_莫遣微雲(막견미운), 點綴練光(점철연광), 極虛極明(극허극명), 以配太陽(이배태양).

밟고 지나가는 설움이여
담배 한 대가 타는 동안 나의 절정(切情)은
부정(不定)에 이를 것이다

은산

더 이상 떠돌지 않으리라
여러 산 여러 물소리 그림자를 거느리고

내 발바닥은 부르텄고 엉겅퀴는 주춤 물러나 핀다

더 이상 떠돌지 않으리라
평택에서 밥 먹고, 안성에서 똥 누고, 용인에서 농사지으리라*
내 발바닥은 여길 '은산(銀山)'이라 하고
흐르는 실개천은 '산대(山垈)'**라 한다

더 이상 떠돌지 않으리라
엄나무모랭이, 마루태기, 겨둔말에 터 잡은
익모초와 흰명아주에 섞이리라
내가 이름 붙인 근정전(勤政殿), 사정전(思政殿)을 버리고
논두렁, 밭고랑에 엎드리리라

발 디디지 않은 곳의 꽃향기와 새소리는

---

* 은산리 지역에 사는 이들의 자조 섞인 푸념(『평택시민신문』, 311호).
** 산대(山垈)는 평택시 진위면 은산리의 기동, 방촌, 미동, 상리, 안성시 원곡면 산하리의 평동, 새말, 모양말, 용인시 남사면 진목리의 통미 등 모두 여덟 개의 자연 마을을 일컫는 지명이다.

우리의 숨결이 아니고
죽은 자들의 재채기
그러므로 더 이상 떠돌지 않으리라
호미를 쥐고 땅을 긁어 흙을 북돋우리라

혁명은 손안에 있고 바람은 내 정수리로 분다

용구처인가(龍駒處仁歌) 1

초제(醮祭)*

북산의 소나무 벼락을 맞아
깃들었던 새들 다 죽자
초제(醮祭)를 지내러 가는 서선(徐選)**처럼
낡은 수첩을 뒤적이다가
은둔의 폐교(廢校)처럼
거기 운동장에 반쯤 처박힌 폐타이어처럼
힘들게 살다 간
사람들의 죽음을 생각하는 밤

창문에 부딪힌다
난데없이 이 가을에 싸락눈 내리는 소리

아직은 초록이라고
힘겹게
풀벌레가 밤새 가는 촉(鏃)으로
제 이름 쓰는 소리

---

* 별을 향하여 지내는 제사.

** "태종 14년 갑오(1414, 영락 12)/10월 14일(갑신) 용인(龍仁)의 금령역(金嶺驛) 북산(北山) 소나무에 벼락이 쳐서 잠자던 새들이 많이 죽었다. 대언(代言) 서선(徐選)을 소격전(昭格殿)에 보내어 하원일(下元日) 초제(醮祭)를 지내도록 하여 기양(祈禳)하였다."(태종실록: 2책 41면)

은백양(銀白楊) 같은

이름표 여럿, 밤하늘에 떠 있다

용구처인가(龍駒處仁歌) 2

명부

1

부아산(負兒山)에 올랐어라
비류(沸流)와 온조(溫祚)가 십신(十臣)을 이끌고 올랐어라
안성천 아랫도리 미추홀*이 열렸어라
부아악(負兒嶽) 어슴푸레하다만 여기서
결심하고 직산 위례성을 열었어라
백제의 어느 날,
까마귀의 시체로 뒤덮인 멸오(滅烏)였다가
말아, 말아**
힘찬 어린 말 뛰어노는 구성(駒城)은
고구려의 왕성함이었어라
용을 닮은 말아, 말아
그리하여 신라의 한때는 거서(巨黍)였어라

2

그러나 말아, 말아

---

* 仁州 密頭里(김성호, 『비류백제와 일본의 국가 기원』, 59쪽).
** 구(駒)는 우리말 고어의 '말아' 즉 크다, 높다는 의미의 말을 한자로 표기한 것.

삶의 팽팽한 한때는 어찌어찌해도 죽음보다 느슨하고
제아무리 삶이 유장해도 죽음을 휘감지 못하네
그리하여 '죽어 용인'*은 아무래도 '삶이 들끓는 용인'
나 부아산에 올라 별을 향해 쓰네
죽어야만 사는 이름을 쓰네

李耔,
柳瑾,
柳馨遠,
南九萬,
鄭夢周,
閔泳煥,
安弘國,
趙光祖,
吳允謙**

---

* 살아 진천, 죽어 용인: 설화에 의하면 '살아서는 진천에서 살았으니 죽어서는 용인에서 살라'고 하였다.

** 이자, 류근, 유형원, 남구만, 정몽주, 민영환, 안홍국, 조광조, 오윤겸의 묘가 용인에 있다.

한탄강

잔에서 술이 쏟아지듯이

흔들
흔들
맨발로 궁예(弓裔)를 닮은 사나이
강을 밟으며 오고 있다
발바닥에 부서지는
13만 개의 달
한 자루의 칼이 스친 것처럼
나룻배
바람에 설핏설핏
금잠초(金簪草)로 쏟아지고
피가 스며
축축이 젖은『朝鮮上古史』

뱃가죽을 갈대에 얹고
어둠을 받아내는
한탄강*

으깨진 달빛

* 강원도 평강군에서 발원하여 철원군과 경기도 연천군을 지나 임진강으로 흘러드는 강.

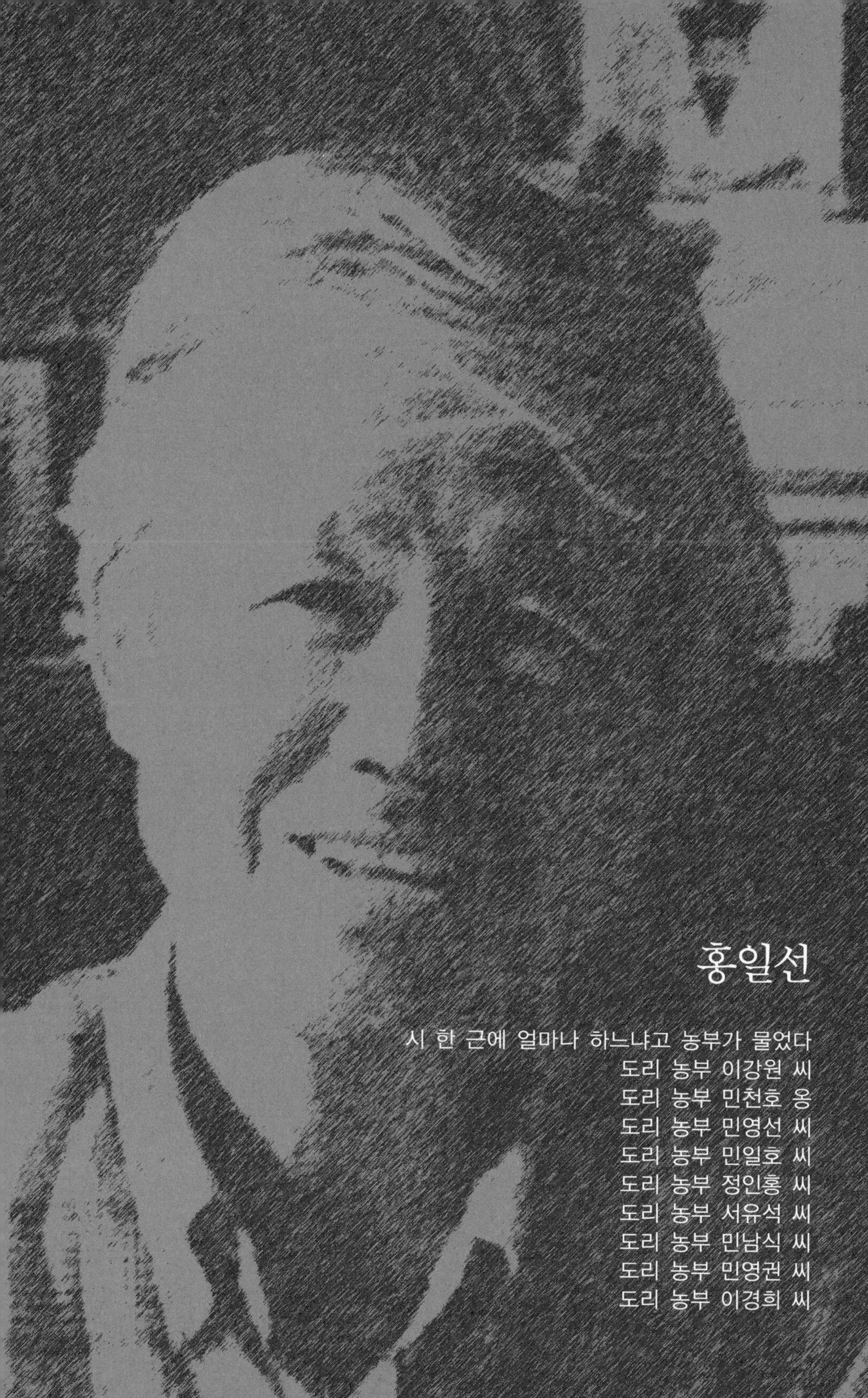
홍일선
시 한 근에 얼마나 하느냐고 농부가 물었다
도리 농부 이강원 씨
도리 농부 민천호 옹
도리 농부 민영선 씨
도리 농부 민일호 씨
도리 농부 정인홍 씨
도리 농부 서유석 씨
도리 농부 민남식 씨
도리 농부 민영권 씨
도리 농부 이경희 씨

시 한 근에 얼마나 하느냐고 농부가 물었다

한평생
한 편의 시 읽지 않고서도
단 한 줄의 시 쓰지 않고서도
평생 시인이신 어진 농부들이
오순도순 모여 사는 마을이 있네
논밭에 씨 뿌리는 봄날
그 농부들
가난한 시인의 마을
도리*에
한 집 두 집 등불이 켜지네

추곡수매도 끝나고
한미 FTA도 끝나고
4대강 공사도 그렇게 또 끝나고
애기똥풀 꽃이 지천인
들녘 하냥 바라보시던
망 구십 어진 농부가 내게 물어왔네
여보시게 시인이여
"대저 요즘 시 한 근에 얼마나 하오"

---

* 경기도 여주시 점동면 도리.

오호라 시를 써서 세상에
큰 죄를 지었다고 강둑에 나와
뉘우치며 울고 있는 사람 하나 있었네

그 마을 도리에
그 강마을 도리에 농업이 계셨네
도리 그 마을에
평생 시인이신 농부들 계셨네
흙과 더불어
해로한 어진 이들 계셨네

도리 농부 이강원 씨

오월 하고도 열나흘
오늘 보름달이 참으로 붉다
저 지엄한 달빛이 있어서
초정골 논배미 벼꽃이 피는 것이라고
노모는 하냥 믿으셨을 것이다
함께 늙어가는 세월이 약속한 듯
아들의 두 손 꼭 잡고
당최 놓을 생각을 안 하시는
아픈 노모 이슬 맺힌 눈이
슬그머니 붉어져갔다
그저 어머니 앞에서는
팔순이 내일인 아들도
애이불비 수굿한 아기였으니
다만 백수 뵈옵게 해달라고
천지신명께 바치는 비나리가
달빛에 적멸이 되어
강물에 고요히 번지어갔다

도리 농부 민천호 옹

아주 머나먼
정녕코 아스라한
세월 헤매어 돌고 돌아 온
저 강물의 연치
가문 날
논밭 다 돌아볼 수 없어서 송구스럽다는
여강이 계셨더랬는데
바위늪구비 모래톱에
손 없는 날 이주해 와서
어엿이 일가 이룬 단양쑥부쟁이들
시들어가는 꽃잎이 아픈 날도 보아야 했는데
난리였던 한미 FTA도 그렇게 또 끝나고
그 무렵 4대강 공사가 시작되었을 것이다
그전엔 그럭저럭 때맞추어
쌀농사며 고추며 참깨 고구마 땅콩 심어
근근이 살았드랬는데
내년엔 저 땅에 무엇을 심어야 할지
걱정이 태산인 농부여
칠십 년 전이었던가
갓 시집온 새색시에게
강둑에서 제비꽃 반지 만들어준 봄날이
바로 엊그제 같다고

눈시울 붉히는 이여

도리 농부 민영선 씨

사람은 땅을 섬기고
땅은 하늘을 모시고
그리하여 하늘과 땅과 사람
천지인이 본시 한울 한 몸이었으니
그곳에 도리 마을 오백 년 있었나니
아하 세상의 어떤 문장이
온유하신 강물의 은유법
감히 견줄 수 있었겠는가
사람 발소리
사람 말소리
늙은 경운기 발동 걸리는 소리
모둠으로 알아듣는 귀 밝은 논밭께서도
이제는 연로하신 것인가
넝넘이 들녘 너머
야윈 기침 소리 바투 들려오는데
머지않아 한중 FTA 도장 찍는 날
기필코 오고야 말 거라는 것
저 논밭 대덕들
하마 알고 계셨던 것이다

도리 농부 민일호 씨

써레질 끝난 무논
찰랑거리는 논물 거룩했으리
소무산 자작나무 숲
은빛 또한 노을 속에서
거룩했으리
그 거룩한 것들 다 잊은 뒤
아하, 지나간 것 다시
돌아보지 않겠다고 다짐하며
고향 뒤로하고 길 나섰던 젊은 날
한창때가 저기 있다
오래된 뉘우침으로
수구초심 고향 그리웠으리
이려 이려 어미 소와 함께
도리 고향으로 돌아가는 길
남한강 강물 소리가
가도 가도 끝이 없는 유정천리였으리

도리 농부 정인홍 씨

푸른 솔잎
처엉 청청 바람소리
쿠웅 쿵쿵 쇠북 소리 자진모리로
깊어가는 강물
바라보노라니 어허 어허이
또 봄이 찾아오셨도다
또다시 꽃 피는 봄이로다
앞강에 꽃 피면 참깨밭이 취화선이요
뒷산에 꽃 지면 가을 논이 만산홍엽이로다
천지간이 꽃잔치로다
어허이 어허이
봄바람 찾아주셨으니
강물이 일필휘지 큰 붓이로다
그 큰 붓이 인홍 양반에게
조용히 귓속말 들려주었는데
앞강 뒷산이 언제나 꽃 피는
봄날만은 아니었다고
피붙이 같은 볏가마를 젊은이들이 불태우고
비료값 농약값도 못 건진
자식 같은 푸른 배추밭을 갈아엎을 때
자기도 많이 울었노라고
울었노라고

도리 농부 서유석 씨

억새꽃 흐드러진 강둑에서
그가 홀로 바라본 것은
가는 세월이 아니었습니다
땅은 거짓말을 하지 않는다고
흙은 땀 흘린 만큼 거둔다고
자식들에게 차마 말할 수 없는
내일이 안쓰러워서도 아닙니다
그는 다만 아무도 돌보지 않는
쥐똥나무 가지에 겨우 둥지를 튼
붉은머리오목눈이 푸른 눈을
오래오래 보고 있었던 것이지요
농업이 쥐똥나무 같다고 생각하다가도
농업은 목숨이라고 생명줄이라고
작은 새 눈빛이 시천주조화정이라고
미물 가슴에 한울님이 들어와 계신다고
조용히 말하고 싶었는지도 모르겠습니다
늘 지기만 하는 한 번도 이문을 바라지 않은
대지가 그저 고마운 저녁
아주 오래 바라보고 있었습니다

도리 농부 민남식 씨

옛날
목화밭 흰 꽃이 아름다운 곳
평생 모시고 사는 사람
어릴 적
늑대 울음소리가 두려운
상수리나무 숲이 이젠 그립다며
그리움은 세월의 곳간 같다고
능서 막걸리 한 잔
단숨에 들이켜던 구 이장
고라니들이 농사를 망쳐 밉지만
막 새끼를 낳은 어미 고라니 눈빛 본 적 있는데
참 착해 보이더라던 사람
막걸리 한 잔 더 호쾌롭게 마시더니
본래 콩 세 알 땅에 묻으면
한 알은 새가 먹고
또 한 알은 벌레가 먹고
남은 한 알 사람이 가져가는 것인데
세상이 이리 모질어졌다고 말하며
술 그만한다더니
자작으로 한 잔 더 공양하고
휑하니 밭으로 들어가는 사람
도리 구 이장 민남식 씨

도리 농부 민영권 씨

해질 무렵
도리 합수머리 인근 모래밭에
낙화생 꽃이 대화엄이었다는데
낙화생 흰 꽃이 부처님 미소 같았다는데
그땐 모두들 공평하게 가난해
이밥 맘 놓고 못 먹었으나
안평국민학교 오가며
땅콩 한 됫박씩 매일 먹었을 거라며
눈시울 붉히던 사람
강바람이 낙화생 꽃
살포시 보듬어 안는 해질 무렵
고마운 땅콩밭을 그린 화가나 시인
우리나라에 정녕코 없느냐고
정색하며 묻던 사람
여흥 민문 그 집 대문에는
떡하니 명조체로 민영권 최명숙 내외 문패가
붉은 노을 속에 오래도록 의연했다

도리 농부 이경희 씨

저문 강
길 걸어가던 초로의 순례자
고종명 자리 찾던 한 시인이
가던 길 멈추어
마을 이름 물을 때
사람이 지켜야 할
도리를 섬기며 사는
여주 점동면 도리라고
귀띔해주던 이 있었다네
그 말씀 듣고
도리를 고향 삼은 이 더러 있었으니
봄 여름 가을 겨울이
강물과 더불어
논밭에 피는 꽃도 지는 꽃도
녹야원 지극한 설법이어서
도리 진산 중군이봉이
전생 수미산처럼 보인다네
저문 강
외로운 날 도리 찾아가면
그 이 또 만날 수 있을지 모르겠네

실존적 장소 의식과 글쓰기

이명원 문학평론가

이 책에 수록된 글은 경기문화재단의 '2014 지역 문화자원·자연자원을 활용한 문학 작품 집필' 공모에 선정된 작가들의 작품이다. 수록된 글을 살펴보면 알겠지만, 소설·동화·수필 등 갈래는 다르지만 소재적 측면에서 경기도라는 지리적 공간을 중심으로 그것이 인간과 맺는 관계를 탐색한 작품들이 주를 이루고 있다.

인간의 정체성을 구성하는 데 있어서 시간과 공간은 매우 중요하다. 영국의 비평가 레이먼드 윌리엄스는 '감정의 구조'라는 개념을 통해서 같은 시공간을 살아가는 인간은 공통의 지각과 감정 구조를 공유한다고 말한 바 있는데, 그것은 특정한 시공간 아래서 형성되는 정체성의 형성을 문제 삼는 개념이라고 판단된다.

세대론적 관점에서 인간들의 의식과 삶의 양식을 구획하는 것은 그런 점에서 보면 시간과 정체성의 문제를 연결하여 사고하는 것을 의미한다. 실로 시간이라는 추상적인 개념은 개인사적 차원에서 보면 삶과 죽음 또는 성숙과 쇠락의 저 거부할 수 없는 인생의 드라마를 상기시킨다. 문학적 서사를 시간 예술이라고 규정할 수 있는 이유는 여기서 오는데, 왜냐하면 항진하는 시간 속의 사건을 통해서 인간을 인간답게 하는 성격의 창출이 가능해지기 때문이다.

대체로 서사나 서정은 직선적으로 진행되는 시간이 아니라 회상의 기법을 통해서 자신의 인생 또는 운명에 결정적인 계기를 만든 특정 시간대의 사건을 초점화하는 경향이 있는데, 그게 서정시에서의 '순간'이건 장편소설에서의 '사건적 시간'이건, 흘러가는 시간을 거꾸로 회상의 시점으로 반추하고 거기에 자기 식의 해석과 의미를 부여하는 것은, 인간이 스스로의 개인사에 실존적·역사적 의미를 부여하기 위한 행위임을 우리에게 상기시킨다.

시간의 문제를 예로 들었지만, 공간 역시 그러한 실존적·역사적 의미를 육화시키는 배경이라고 할 수 있다. 공간이 글쓰기의 장소로 들어와 상기시키는 것은 기억과 실존의 문제이다. 문학에서 재현되거나 구성되는 공간은 서사나 서정이 전개되기 위한 추상화된 공간이 아닌 개인의 내밀한 정념 및 경험과 연관된 실존적 장소다. 문학 작품 속에 재현된 이 실존적 장소 안에서, 개인은 추상화된 인간이 아닌 '나'의 기억과 경험을 반추하고 고백하게 되는데, 그것을 쓰거나 읽는 자 모두 이러한 과정을 통해 삶에 대한 실존 의식을 육화하게 되는 것이다.

이 책에 수록된 소설, 동화, 수필과 같은 산문들은 대개가 경기도라고 하는 행정적·지리적 공간을 실존적·사건적 장소로 구성하고 인식하는 데 바쳐지고 있는 작품이다. 행정적·지리적 공간으로서의 경기도는 그 안에서 살아가고 있는 인간적 삶의 고유함을 환기시키지 않는다. 지리적이거나 행정적인 공간의 구획 방식은 추상화나 관료화의 계측적 단위의 소산이기 때문에, 인간의 정념과 사고와 기억의 문제를 그 자체로부터 추출하기는 어렵다.

나 자신 역시 경기도의 한 도시에 살고 있지만, 이 도시의 추상성이 나의 개인적 사건과 시간 속에서 누적된 경험들과 연계되지 않는다면 이는 단순한 거주 공간에 불과할 것이다. 대한민국에서 가장 많은 인구를 거느린 광역자치단체. 언제나 중앙으로 간주되는 서울과의 대비와 비교 속에 존재하지만, 또 그런 사실과는 별도로 서울의 기능이 확산되거나 분화된 인접 자치단체 정도로 경기도가 기억되는 경향이 있는 것은 아마도 '서울중심주의'의 강한 구속력 때문일 것이다.

그러나 가령 우리는 제임스 조이스에게 회상되었던 더블린이나 보들레르가 직면했던 파리의 우울, 그리고 밀란 쿤데라가 목격했던 프라하의 내면 풍경을 그곳에 가지 않고도 그들의 소설을 통해 감각할 수 있다. 제임스 조이스 자신은 무기력과 마비된 퇴폐의 상징으로 더블린을 의식했지만, 거꾸로 우리는 더블린을 수놓고 있는 거대한 문인들의 명단을 상기해내면서, 그 도시의 역사적 풍경과 인간들의 실존에 감정이입한다. 파리의 보들레르라는 표현을 쓰면서 우리는 그가 대도시 파리에서 느꼈던 현기증과 절망의 정체를 확인하지만, 이를 통해 거꾸로 파리라고 하는 장소의 근대적 보편성과 인간 경험의 공통성에 대해 확인하게 되는 것이다. 쿤데라가 혁명과 반혁명의 프라하 속에서의 인간의 양면가치를 예리하게 응시할 때, 우리는 프라하를 수놓았던 역사적 사건과 공명했던 소설 속 인물들의 절망과 희망에 대해 내밀하게 전율하게 되는 것이다.

요컨대 문학과 예술 속에 재현된 공간들은 그 지리적·행정적 공간의 골격 또는 구조에 실존적이고 역사적인 살과 피와 기억을 입혀, 추상적인 공간을 인간화한 실존적 장소로 변형시키는 기능을 한다. 작품 속에 재현된 장소들은 인간의 기억 및 경험들과 맞물리면서 이전에는 없던 고유성과 특이성을 구성하게 되는데, 이 책에 실린 작품들은 앞에서 설명한 이러한 '실존적 장소 의식'을 글쓰기의 장에서 모색해보고자 한 작품들이라고 할 수 있다.

유재영이 「지혜의 숲」에서 묘사하고 있는 파주를 상징하는 것은 책이다. 알고 있는 대로 파주에는 한국 최대의 출판단지가 있고 '지혜의 숲'이라는 도서관이 있다. 책과 인간과 문명이 파주라는 도시 안에서 어떤 새로운 기억을 산출할 수 있는지를 예측하는 것은 흥미로운 상상이다. 홍이레가 「모란」에서 주인공으로 등장시키고 있는 어머니의 직업은 개장수다. 소설 속의 모친의 삶은 성남 모란시장이라는 삶의 터전을 중심으로 전개되는데, 장터에서의 삶이 보여줄 수 있는 인간화된 슬픔과 희망의 기억들이 그의 소설에는 잘 그려져 있다.

이미옥은 「기적을 만드는 바다」에서 시흥시 오이도의 빨간 등대와 바다를 모티프로 부재하는 어머니에 대한 그리움을 동화로 쓰고 있다. 외로움을 이기기 위해 무작정 달려간 오이도에서 아버지를 조우하는 장면으로 끝나는 동화는 따뜻한 부성을 상기시킨다. 경기도는 숱한 국도와 고속도로로 이어져 있는데 김선화는 수필 「골목은 살아 있다」를 통해 안양 수원 간 1번국도 변의 풍경들과 기억들을 길어내고 있다. 문부일은 「안양(安養)에 들다」에서 '안양사'라는 절을 모티프로 하여 청소년들의 가장 심각한 고통 중의 하나일 학교폭력 문제를 날카롭게 고발하면서, 아미타불이 상주하는 극락정토라는 안양(安養)의 유토피아적 비전과 현실의 간극을 효과적으로 대비시킨다. 송지현의 「호수 낚시를 즐기다 실종된 몇 명의 사람들」은 백운호수를 배경으로 잃어버린 카메라와 시간의 문제를 유려하게 서사화하고 있다.

이 책에 수록된 작품들은 경기도라고 하는 지리적 공간을 사건화하면서, 내밀한 인간의 경험과 기억을 삼투시키고자 애쓰고 있다. 그것이 자연스럽게 육화된 작품도 있지만, 소재적인 차원에서 공간을 의식적으로 삽입하고자 하다가 그것이 평면적인 배경의 차원으로 물러선 작품도 있었다.

이 부분에서 생각할 수 있는 것은 공간이 실존적 장소로 전환되기 위해서는 어떤 조건이 필요한가의 문제이다. 우선적으로 고려될 수 있는 사항은 그곳이 '삶의 장소'여야 한다는 점이다. 가령 과거의 한국인들은 특정한 장소에서 출생하고 성장하고 죽는 일을 아주 자연스러운 것으로 간주했다. 산업화 이전의 한국인들은 정주 농경민의 삶의 양식을 체화한 사람들이었기에, 설사 산업화 과정에서 고향을 떠나 타양으로 떠나 삶의 대부분을 보냈다 하더라고, 귀향형 서사나 서정을 무의식의 차원에서 체화할 수 있었다.

그러나 현대의 도시인들은 일종의 유목민과 같은 존재여서, 특히 경기도와 같이 서울에 인접해 있는 광역자치단체는 이런 표현이 적잖이 거슬리지만, 서울의 위성도시 비슷한 성격을 보여주는 경우도 많다. 동시에 경기도의 인구가 폭발적으로 확대된 것에서 알 수 있듯, 이곳에 살고 있는 많은 사람들은 몇 세대에 걸쳐 살아온 원주민들보다는 대개가 나와 같은 이주민들이 다수를 이루고 있을 것이다. 사정이 그렇다 보니 자신이 거주하고 있는 공간의 역사적 기억이 부재하는 경우가 많고, 다수의 신도시의 경우는 어쩌면 이제부터 공간의 기억을 구성해야 할 처지에 있기도 한 것이다.

이것은 서사나 서정의 차원에서 작가들에게 여러 차원의 곤란을 심어줄 수 있다. 경기도라는 지리적 장소를 소재로 해 작품을 제작한다는 것은 가능한 일이기는 하지만, 많은 경우 그것은 이 지리적 장소의 고유성을 작위적으로 서사 안에 배치해야 한다는 강박으로 작용할 가능성도 있다. 지원사업에 공모한 작가들 자신이 경기도에서 오랫동안 성장해온 사람들이라면, 이러한 곤란을 극복하는 것은 어려운 일이 아니겠으나, 그렇지 않은 작가들 입장에서는 이것은 창작상의 자유를 제한하는 것일 수 있다.

다음으로 우리에게 경기도라는 지리적 장소를 둘러싼 역사유산이 체계적으로 계승되고 있는 것이 아니라는 점도 환기되어야 한다. 나는 10여 년 전에 경기도 출신 문인들의 작품 세계를 조망하는 작업에 참여했다. 조사를 통해 검토해보니 의외로 많은 문인들이 경기도의 지역 문학 전통의 근간을 이루고 있었다. 예컨대 이해조·나혜석·홍사용·박세영·마해송·박승극·박두진·조병화·유주현·박석수 등의 문인이 경기도 출신의 근현대 문인이었던 것을 발견하고 놀랐던 기억이 있다. 당시에 작업을 하면서 언뜻 생각한 것은 지역 문화유산에 대한 체계적인 연구와 자료의 축적이 진행되고, 그것의 성과가 대중들과 일상적으로 접촉하는 것이 가능해져야 경기도의 문화적 전통과 정체성이 현재화될 수 있다는 사실이었다.

경기도라고 하는 공간은 오늘의 한국 사회와 세계사적 상황을 날카롭게 묘파할 수 있는 여러 의제를 거느리고 있는 공간이다.

가령 나는 안산에서 세계화가 초래해낸 이동과 공존의 문화 구상에 대해 생각할 때가 많고, 파주에서는 민족사의 중대한 문제인 분단과 통일의 문제를 생각하게 되며, 내 유년의 추억이 깃들어 있는 의정부와 동두천에서는 기지 문제와 자기결정권의 문제에 대해 생각하는 일이 많았다. 일산과 분당과 같은 신도시가 한국의 작가들에게 신도시에 깃들어 있는 중산층의 욕망과 대비되는 뿌리 없음의 감각으로 빈번하게 형상화되었던 것이나 화성으로 상징되는 수원의 유구한 문화 전통의 심상 지리와 같은 것들이, 광역적인 경기도의 다양성 속의 통일성을 우리에게 사유하게 만드는 것이다.

경기도에서 글을 쓰고 살아가면서, 우리가 직면하게 되는 공간을 지나가는 배경이 아니라 실존적 삶의 장소로 구축하고 그 기억을 계승하기 위해서는 더 많은 모색과 실험이 필요하다.

이 책에서의 작가들의 글쓰기는 그런 실험의 출발점에 해당할 텐데, 더 깊은 탐구와 실험적인 글쓰기의 모험이 지속되기를 기대해본다.

김선화

골목은 살아 있다
봉분 위에 억새꽃 피고 지고

골목은 살아 있다

안양~수원 간 1번국도변

저녁때가 되면 우리 동네 큰길가 골목이 왁자하다. 정확이 여섯 시 무렵이면 건강미 흐르는 여성들이 우르르 쏟아져 나온다. 안양서 수원 가는 길, 그 1번국도변에 성실한 삶을 일궈가는 이들이 경이로움을 넘어서서 빛을 발한다. 어느 때는 씩씩하게 그 대열에 끼어들어 왕왕 일하고 싶다.

내가 이 길을 알게 된 것은 한 남자와의 인연에서 비롯되었다.

군포역 첫 발길

그날, 서울역에서 전철을 타고 군포역에 도착했다. 소도시의 한적한 골목길을 걸어 허름한 자취방을 들여다보고 돌아왔다. 초등학교 동창생과 그의 형이 머무르는 보금자리였다. 그곳에 가면 더벅머리 친구가 반색을 할 줄 알았는데 자물쇠 하나 채워지지 않은 문간방 벽에는 옷가지 몇 점만이 줄줄이 걸려 있었다. 퀴퀴한 냄새가 코끝에 스밀 때에야 내가 지금 무슨 짓을 하는지 확인되었다. 명색이 서울물을 먹은 지 어언 8년. 그런데도 세련되지 못하고 촌스럽게 군 스스로에게 자책이 일었다. 인솔자 역할을 한 내 비서 격의 그들 사촌 여동생이 머쓱해하기에 나는 아무렇지도 않은 척 앞서 걸으며 들풀 구경이나 하였다. 이게 다 전화 통화가 수

월치 않던 시절의 이야기로 일반인들의 생활상이다.

내가 찾는 이상형의 남자가 제 주변에 있다며 소개하겠다고 말한 지 넉 달, 때는 봄철이라 사방 천지에서 선자리가 밀려드는데 정작 궁금히 여기는 사람 소식은 감감이었다. 보다 못한 후배가 "언니! 우리 군포에 가서 오빠 만나고 올까?" 한 데서 서슴없이 따라나서게 되었다. 맞선을 볼 양이면 중매쟁이 반 믿는다는 말대로, 나는 어느새 남자 동창생의 말에 솔깃해져 있었던가 보다.

사람의 발길은 언제 어느 쪽을 향하느냐에 따라 인생길이 좌우된다. 향한다는 말은 곧 사람을 찾는다는 말일 수도 있다. 그 길에서 누구를 만나는가가 곧 운수이겠으나 그러한 점을 미리 알아 행하기란 쉬운 일은 아니다. 그 봄날 그렇게 찾아가서 독촉한 꼴이 된 미지의 총각은 나와 30년지기 부부가 되어 굽이도는 인생 고개를 여러 번 넘고 있다.

포도원 길

이야기를 되돌려, 그를 만나 데이트란 걸 하면서 암암리에 뒷조사에 들어갔다. 친척을 내세워 본적지 면사무소로 가서 호적을 들춰보았고, 직장도 주소지를 알아둬 거짓이 없음을 확인했다. 그러고는 내가 직접 한 남자를 찾아 시커먼 기름 번들거리는 콘크리트 바닥을 또각또각 걸어 들어갔다. 그곳이 바로 '포도원'이라 알려진 마을로 제지 회사 '유한킴벌리' 옆 언덕길이다. 예전엔 포도 생산지로 유명했다 하는데, 그즈음엔 크고 작은 공장들이 들어서고 있었다.

그가 근무하는 회사도 그 경사길 가에 있었다. 입구에 '1급 자동차 정비공장'이란 아치형 간판이 크게 걸려 정비 기술의 대가임을 과시하는데, 그 안으로 한참을 걸어 들어가자 주소지에 명시된 자그마한 공업사가 나타났다. 협소한 사무실에서 대표되는 분이 반기며 사내 방송을 하자, 이어 새까만 작업복에 얼굴도 얼룩진 남자가 걸어오며 멋쩍어했다. 상황은 이미 종료되어, 한번 기울어진 마음은 회수의 방법이 없었다. 이왕 이리 된 바에야 저 왜소하고 얌전한 남자에게 방금 전에 보아둔 머리 위의 드높은 간판을 달아주고 싶어졌다.

우리들은 이내 유한킴벌리 앞길을 되짚어 나와 손바닥만 한 다방으로 들어섰다. 거기서 수원에 장만할 신혼집에 대해 논하고, 쌍가락지를 약속하고, 나보다 한 살이나 위의 시동생까지 데리고 살기로 마음을 합쳤다. 고향 뒷산을 누비며 호연지기가 몸에 밴 나로서는 새로운 공간에서 새로운 풍습에 길들여져야 한다는 점이 두렵기 그지없었다. 하지만 위용 있게 다가오던 1급 정비 공장을 꿈꾸며 웬만한 일은 감내하기로 했다. 마음 둔 곳을 향해 열심히 노력하면 이루지 못할 일이 무엇이랴 싶었다.

그는 애초 대기업에 근무하던 사람으로 반복되는 일상이 싫어 창의적인 일에 뛰어들었다고 했다. 인문계 고등학교를 나온 터라 학원에 다녀 기능사 자격증을 따고 시작했다고는 하나, 공고를 졸업한 내 친구가 기술 실력을 발휘할 때 그 아래서 서른 다 된 나이로 연장통부터 들어 날랐다는 형편을 눈치로 알 수 있었다. 즉 기술직 사람들이 흔히 하는 말로 나이 든 '꼬마'였던 것. 하지만 나는 믿었다. 그의 성실함을 신뢰했고 둔하지 않은 두뇌를 추어주었다. 그래 봬도 결혼 1주년이 되던 날에는, 교통비를 줄여 색시에게 머리핀을 사주려 했던 사람이다. 퇴근 시, 시외버스 요금이 붙는 구간(서너 정거장)을 걸어서 고천 '고려합섬' 앞까지 와 버스를 타곤 했다는데 정작 당일에는 쑥스러움이 넘쳐 아무것도 사 오지 못했다.

모락산 아래에 살며

헌데 사람 살아가는 길에도 인연이 따르는 것인가. 어느 날 불현듯, 우리 부부가 꿈을 안고 오가던 큰길가 길목에 돌아와 둥지 틀고 있는 모습이 보였다. 수원에서 서울로, 화성시로, 산본으로, 다시 이곳 성 라자로 마을 입구로……. 버스를 타고 무심코 지나다가도 옛 정비 공장으로 난 경사진 길을 보면 왠지 모를 아릿함이 밀려든다.

이곳에 자리 잡기 시작할 때는 원주민이라 하는 사람들이 많았다. 산언덕바지에 고구마 농사를 지으며 살았노라고 술회하는 노인들도 있고, 천막을 치고 가구를 만들며 주름살이 늘어난 소상공인들도 있었다. 어느 때는 팔이 민둥한 노부부를 버스 정류장에서 맞닥뜨리기도 했는데, 내 집에서 모락산 쪽으로 100여 미터 거슬러 가면 베일 속의 '성 라자로 마을'이 있는 까닭이다. 그곳은 가톨릭 수도인들의 기도처이자 한센병 환자들의 휴양처라고도 한다. 지금도 베일에 가려져 일반인들의 출입은 다소 제한이 따른다.

모락산 아래에 붙박인 지 어느덧 17년, 산을 향한 집이다 보니 눈만 뜨면 저절로 산에 기댄 그 마을을 바라다보게 된다. 서로 약간의 거리를 두고 신비로움을 유지하는 사람들처럼, 해 뜨고 달 뜨는 풍광에 젖어들며 지내는 사이 내가 이곳 원주민이 되려 한다. 신축 아파트에 깃들어 오래 살고 있는 사람들을 요즘 그렇게 부르는데, 오전동 방향의 모락산 아랫자락은 가톨릭 기도처를 제외하고는 대부분 개발되어 아파트 단지로 급변화했다. 천막 안에서 생산에 열중하던 가구 공장들이 다투어 떠나고, 산자락 빈터에는 또 몇 년 사이 아담한 초등학교가 꿈동산으로 들어앉았다. 아울러 폐수가 흐르던 오전천도 아름다운 산책길이 되어, 오가는 이들의 쉼터 구실을 톡톡히 한다.

그 세월 자락 저만치에서 손톱 밑에 막 기름물이 들던 젊은이는, 은빛

머리카락 빗어 넘기며 소규모 정비소를 운영하고 있다. 당차게도 어엿한 1급 공장을 꿈꾸던 처녀는 함함하며 말을 삼킨다.

이처럼 골목에는 수많은 이야기가 배어 흐른다. 번듯번듯한 빌딩 숲 뒤로 바쁘게 돌아가고 있는 기계 소음 언저리엔 사람들의 순박한 꿈이 호흡을 같이한다. 그 애환에 가끔 가슴 시릴 때도 있다. 그러면서도 저물녘, 큰길가 정류장을 향해 고물고물 걸어 나오는 사람들을 보면서 이 시대 산업 현장이 건재함을 확인한다.

봉분 위에 억새꽃 피고 지고

흙을 딛고 다니다 보면 희한하게도 몸에 기가 흐르는 것을 느낄 때가 있다. 그것을 한마디로 딱히 설명은 할 수 없는데, 어떠한 지형이라든가 그 땅과 관계된 인물의 기운이 알게 모르게 작용하는 것 같다.

9년 전이던가. 11월 초순의 깊은 가을 날, 경기도 구리시에 있는 동구릉 나들이를 하였다. 그중에서도 조선의 태조대왕 이성계(李成桂)가 잠들어 있는 건원릉을 돌아보기로 했는데 묘역의 첫인상에 매료당했다. 아래서 올려다보았을 때 잘 다듬어진 잔디 구릉 위로 웬 꺼벙한 풀무리가 눈에 들어온 것. 하마터면 여기가 왕릉이라는 사실도 망각한 채 파안대소할 뻔했다. 그 모양이 꼭 여염집 사람들이 벌초한다고 모였다가 꾀를 피운 형색 같아서였다. 필시 꾀는 피우지 않더라도 느닷없이 날아든 벌에 쏘여 중단되는 예화를 아는지라 나는 궁금증이 더해갔다. 허나 무슨 연유인지 관리인이 길을 터주지 않아 세세히 살펴볼 수가 없었다.

발이 묶인 채 한창 궁금증이 더해갈 무렵, 수십 명의 역사학과 남학생들이 몰려왔다. 끝줄에서 다가온 인솔자가 "자, 시작 신호하면 막바로 뛰어!" 한다. 나는 기회는 이때다 싶어 학생들보다 먼저 뛰어 올라갔다. 숨을 헉헉거리며 봉분 앞에 섰다. 붉은 대궁 서걱대며 서 있는 풀 무더기는 시골 사람들과 친근한 억새였다. 억새꽃이 허연빛으로 사람을 부르고 있지 않은가.

반전이었다. 여말의 탁월한 무장으로 전설 속 인물이라 일컬어지는 그가, 개혁파 선비들과 뜻을 같이해 고려를 무너뜨리고 조선을 세운 한 나라의 시조가 되는 그 어른께서 억새꽃을 머리에 이고 누워 계실 줄이야. 시골 산자락에서 뛰놀며 자란 나는 가슴에 전율이 일었다. 억새는 잎이 날카로워 손을 베이기 쉬워서 아이들에게 주의를 요하는 풀이다. 밭두둑이나 언덕배기에도 지천이어서 소들이 맛있게 뜯어 먹었고, 화력이 좋아 밥 지을 때 불쏘시개로 안성맞춤이던 여러해살이풀이다.

한양에 자리를 잡은 태조께서는 평소 고향 함흥을 그리워하며 그곳에 묻히기를 간구했단다. 사정이 여의치 않자 고향의 흙으로 덮어달라는 유언까지 남겼다고. 유지를 받든 태종 이방원이 사람을 시켜 함흥에서 흙과 억새풀 씨를 가져오게 해, 부친의 봉분을 지금의 모습이 되게끔 하였다. 흙 한 줌이었을망정 위안의 가치는 가히 상상을 초월하는 것이리라.

연전 윤달에 친정어머니는 당신 대에서 성씨가 끊기는 외가 조상님들의 산소를 염려하여 일을 서둘렀다. 황해도에서 도(道)에 뜻을 두고 자리를 옮겨 계룡산 자락에 터를 잡으셨던 어른들의 유골을 갈무리하겠다는 의지로 산일을 감행하였다.

선영에 아침햇살이 퍼질 무렵, 가족들은 두 기의 봉분을 에워쌌다. 각각 외증조부모님과 외조부모님의 합장 묘역이다. 일을 돕는 이들이 "파묘요!" 하고 냅다 외치더니 이내 삽질에 들어갔다. 형제들은 빙 둘러서서 우리들의 반쪽 뿌리에 대해 눈을 반짝였다. 유년기엔 상상만으로도 무시무시하게 여겨지던 묘 안의 정물을 두 눈 또렷하게 뜨고 기대하는 것이었다.

매장 문화를 기본으로 이어온 전통으로 볼 때 매우 어려운 용단이었다. 하지만 어머니의 혜안은 이러한 행위가 곧 책임을 다하는 것이라 하였다. 그렇게 하여 한 발짝이라도 애초 뜻을 두었던 땅 가까이에 모셔드리는 것을 대안으로 내놓았다. 드디어 증조부모님 봉분이 해체되고, 인부들이 두 손을 받쳐 흙 한 줌을 들어 올렸다. 우리들은 그 흙을 창호지로 고이 감쌌다. 그리고 인부들이 들어 있는 땅속을 뚫어져라 들여다보았다. 붉은 황토 다져진 곳에 표시 나게 앉았던 석비레 토심. 내 고향 뒷산의 그것이었다. 사후 반세기가 훨씬 넘어 전개되는 확인 작업 앞에 나는 그저 숙연할 따름이었다. 내게 피와 살을 내려주신 오래전의 어른들은 이미 자연이 되어 있었다.

사람이 어느 곳에 터를 잡는가는 본인의 의지에 따라서 이뤄지기도 하지만, 나라 정책에 등 떠밀려 그리될 때가 있다. 외증조부님은 '인시천사상(人是天思想)'을 받아들인 동학(東學)도로서 남하하여 나라의 안위가 위태로울 적에 동학농민운동에 가담하셨던 분이다. 다락방에 숨어 가까스로 위기를 넘기고 가족들과 함께 계룡산 신도안에 둥지를 틀었다. 신도안은 이태조께서 새로운 도읍으로 정하려던 곳이기도 하다. 외가 어른들은 그 땅에서 도를 이루었으며 후손을 안아보고 생을 마치셨다 한다.

그러나 그 지역에 주요 군 본부가 들어오는 바람에 대대적 이동이 이뤄졌다. 우리 가족들은 고향을 등지고 조상님들의 유택마저 옮겨 모시며 실향의 설움을 겪었다.—예서 인부들이 들어 올린 한 줌의 흙은 선인(先人)들의 영육이 깃들었던 땅에 대한 긴밀한 확인이 아니고 무엇이랴.

다시 건원릉으로 이야기를 돌린다. 봉분 위에 피고 지는 억새꽃은, 재위 기간 6년을 비롯해 상왕(上王)에서 태상왕(太上王)으로 정치를 펴다 생이 다한 한 장부의 가슴속 다른 결이다. 새 나라 건국에 앞장서 큰 짐을 짊어진 정치가로서 홀로 삭여야 했던 외로움의 다른 표현이고, 어머니의 땅에 대한 애틋한 향수이다. 불 일듯 하는 이상과 인간 본성의 순수한 가락들이 억새꽃 피고 지는 사이사이로 들려오는 것을……. 그래서 한 해에 여러 번 벌초를 하는 여느 왕릉과 달리, 매년 한식날에 한 번만 억새를 잘라내는 600년 전통의 예초의(刈草儀) 의식은 더욱 차별화되어 신선하게 남는다. 그 여운이 사람마다 추구하는 생의 본질을 더듬어보게 한다.

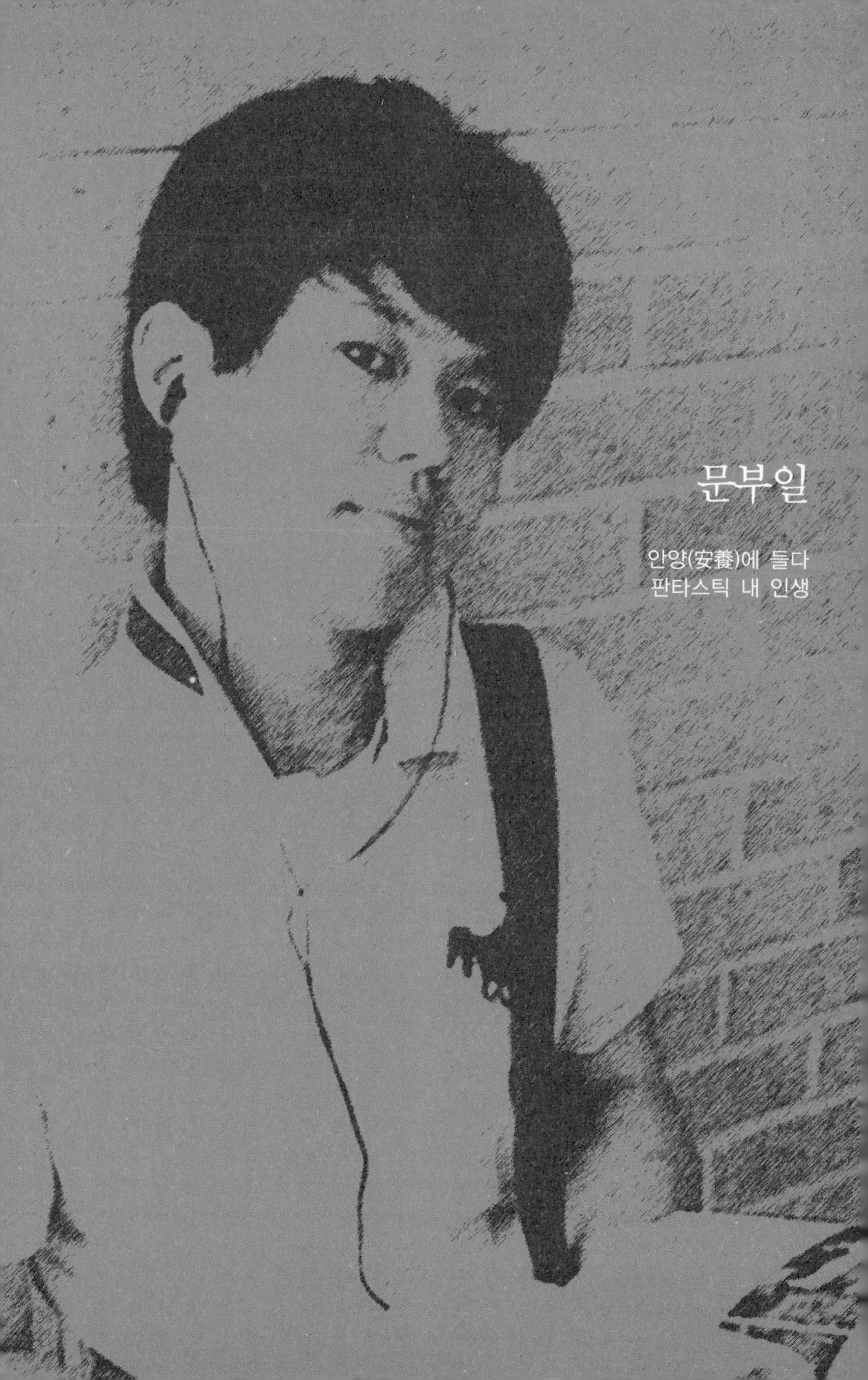

문부일

안양(安養)에 들다
판타스틱 내 인생

안양(安養)에 들다

시끄러운 소리에 눈을 떴다. 버스에 덩그러니 혼자 앉아 있었다. 창밖으로 고개를 돌렸다. 안내판에 '안양예술공원'이라고 적혀 있었다.

"버스 종점에 다 왔어! 예술공원에 소풍 온 학생인 줄 알고 안 깨웠어!"

기사 아저씨가 장갑을 벗으며 내 옆으로 걸어왔다. 나는 가방을 들고 서둘러 버스에서 내렸다.

밖에는 버스 수십 대가 서 있었고, 계속해서 버스가 들어와 어수선했다. 시커먼 기름이 묻은 큰 통들이 정비소 옆에 위태롭게 쌓여 있었다. 옅은 휘발유 냄새에 속이 울렁거려 얼른 그곳을 벗어나고 싶었다. 출구를 찾아 두리번거리며 걷다가 몸이 휘청거렸다. 움푹 파인 아스팔트 바닥에 발이 걸린 것이다. 후진하던 버스가 바로 내 옆에 멈추었다.

"정신 안 차릴래? 왜 여기서 얼쩡거려?"

기사 아저씨가 운전석 옆 창문으로 고개를 내밀며 소리를 질렀다. 아저씨에게 고개를 숙여 사과했다. 내가 왜 사과를 해야 하는지 까닭을 알 수 없었지만 그래야 할 것 같았다.

사방에서 매캐한 매연이 뿜어져 머리가 아팠다. 바닥에 발이 걸리지 않아 1초만 빨리 움직였다면 버스에 치여 병원 신세를 질 뻔했다. 운이 나빴다면 목숨을 잃었을지도 모른다. 아찔한 순간이었다. 등줄기로 땀이 흐르고 정신이 날카로워졌다. 늘 죽고 싶다고 간절하게 소망했지만 거짓이었나 보다. 죽음 대신 버스에 치여 병원에 오랫동안 입원했으면 좋았을 텐데. 너무 무사해서 아쉬웠다.

버스가 오는지 살피며 출구로 달려갔다. 텔레비전에서 본 박카스 광고가 떠올랐다. 버스에서 잠들어 종점까지 간 대학생을 깨우며 기사 아저씨가 박카스를 건네는 훈훈한 장면. 비현실적인 광고였다. 박카스를 받기는커녕 욕만 얻어먹었고 하마터면 교통사고가 날 뻔했다.

생각이 꼬리를 물고 이어졌다. 그렇게 병원에 입원했다면 왜 버스 종점까지 갔는지, 학교생활에 대해 시시콜콜하게 부모님과 선생님에게 털어놓아야 할 것이다. 나는 그 상황에 뭐라고 대답했을까. 깜빡 잠이 들어 종점까지 갔다고, 내 실수라고 두루뭉술하게 둘러댔을 것이다.

종점을 빠져나왔다. 버스 엔진 소리가 희미하게 들렸고 휘발유 냄새도 사라졌다. 이제 어디로 가야 할까. 다시 버스를 타고 학교로 갈까. 난생처음으로 안양시에 와서 방향감각이 없었다. 4층 이상의 높은 건물은 없었다. 시냇가를 중심으로 양옆으로 멋진 카페와 식당이 즐비했다. 그리고 멀리 큰 산이 내려다보고 있었다. 관악산이었다. 식당 간판마다 '관악산'과 '안양'이라는 단어가 적혀 있었다.

평일이라 사람이 많지 않았다. 분홍색, 초록색, 노란색의 화려한 등산복을 입은 아줌마들이 히말라야를 등반하는 것처럼 배낭과 지팡이를 챙겨 관악산 쪽으로 걸어갔다. 며칠 동안 먹을 식량을 넣었는지 큰 배낭이 터질 지경이었다. 미세먼지 때문에 다들 마스크를 끼고 있었다. 탁한 공기에서 녹슨 철 냄새가 풍겼다.

시냇가를 따라서 걷기 좋은 산책로가 나왔다. 의자에 앉아 휴대전화를 꺼내 시간을 확인했다. 열한 시였다. 배탈이 나서 병원에 들렀다가 한 시까지 학교에 가겠다고 엄마가 담임과 통화를 했다. 열두 시에 버스를 타고 출발하면 늦지 않을 것이다.

새벽부터 배가 아파 내과에 갔다. 의사는 스트레스가 원인이라며, 공부에 대한 부담을 털어버리라고 대수롭지 않게 말했다. 배탈의 원인이 무엇인지 나는 의사보다 정확하게 알고 있었다. 약국에 들러 약을 사고 곧장 지하철역으로 향했다. 또 학교에 가야 한다. 40분 정도 지하철을 타고, 버스로 갈아탔다. 미세먼지로 창밖이 탁했지만 가을 햇살은 따스했다. 그리고 너무 눈부셔 눈을 질끈 감았다. 가슴이 불규칙하게 뛰었다. 손바닥으로 가슴을 쓸어내렸지만 효과가 없었다.

휴대전화가 진동했다. 주머니에서 휴대전화를 꺼냈다. 어떤 녀석이 카카오톡 메시지로 욕을 퍼부었다. 오늘 돈을 주지 않으면 내일은 두 배로 받겠다고 협박했다. 녀석을 피해 어제 담장을 뛰어넘어 학교를 빠져나왔다. 녀석의 매서운 눈동자가 떠올라 가슴이 더욱 불쾌하게 두근거렸다. 아랫배가 다시 아팠다. 가방에서 약을 꺼내 물 없이 삼켰지만 배앓이는 여전했다. 나는 카카오톡 메시지 화면을 복사해서 저장해두었다. 내가 상상을 행동으로 옮기는 날, 내가 왜 그런 선택을 할 수밖에 없었는지, 절박한 마음을 증명하는 증거가 될 것이다.

차가 막히지 않아 버스는 빠른 속도로 달렸다.

다음 정류장은 학교 앞이었다. 손을 벨 앞으로 가져갔다. 손가락에 힘이 빠져 벨을 누를 수 없었다. 일찍 학교에 들어가서 녀석들에게 시달리고 싶지 않았다. 버스가 학교 앞 정류장을 지나 힘차게 직진했다. 빈 의자에 앉아 노선도를 보다가 눈을 감고 창문에 기대었다. 바늘로 배를 찌르는 것 같은 아픔이 조금 약해졌다. 아무 생각도 하고 싶지 않았다. 나는 억지로 잠을 청했고, 그렇게 해서 안양예술공원까지 온 것이다.

시냇가 건너편으로 김중업박물관이 있었다. 숨을 쉴 때마다 모래 냄새가 났지만 대수롭지 않았다. 다리를 건너 박물관 공원으로 들어갔다. 공원 안에 '유유산업'이라고 적힌 굴뚝이 서 있었다. 보물 3호인 '중초사지 당간지주'도 있었다. 그 옆에 있는 박물관 안내문을 읽었다. 김중업은 유명한 건축가였다. 머리가 뒤죽박죽 복잡해 글씨가 눈에 들어오지 않았다.

한가하게 박물관을 둘러볼 기분이 아니라 공원 밖으로 나왔다.

다리를 건널 때였다. 바지 주머니에 넣어둔 휴대전화에서 진동이 전해졌다. 마른침을 삼키며 휴대전화를 꺼냈다. 그 녀석이었다. 카카오톡 메시지가 스무 개가 넘었다. 강한 어감의 단어들로 가득 찬 문장을 읽을 자신이 없어 카카오톡 어플리케이션을 삭제하고 휴대전화 배터리를 분리시켰다. 액정 화면이 검은색으로 변했다.

시원한 음료수가 마시고 싶어 편의점에 들어갔다. 멜론 맛 우유를 들고 계산대로 갔다.

"사내 녀석들은 너무 거칠게 놀아! 재킷 소매가 찢어졌어."

엄마 또래의 아줌마가 동전을 내밀었다.

재킷을 벗고 소매를 살펴보았다. 소매가 찢겨 흰색 안감이 흉하게 드러났다. 어제 담장을 넘을 때 날카로운 모서리에 찢겼나 보다. 재킷을 대충 접어 가방에 넣고 편의점을 나섰다.

시냇가를 따라 걸었다. 바람이 점점 후텁지근했고 습기가 가득했다. 일주일 동안 가을 더위와 황사가 이어지고 있었다. 나무 그늘에 앉아 멜론 맛 우유를 마셨다. 휴대전화 전원을 켜지 않아 시간을 알 수 없어 차라리 마음이 느긋해졌다. 학교에 가지 않고 온종일 이곳에 있어도 된다면 얼마나 좋을까.

중학교에 입학할 때부터 지긋지긋한 삶이 시작되었다. 느릿느릿한 몸짓, 어눌한 말투, 어두운 표정 그리고 곁에 친구가 없다는 것. 그것이 녀석들이 나를 괴롭히는 이유였다. 고등학교 일진 형들과 친한 세 명이 특히 나를 힘들게 했다.

"어른들에게 고자질하면 사내놈이 맞고 다닌다고 널 욕할 거야."

녀석들은 나를 때리고 돈을 빼앗았다. 조금이라도 반항하면 양손으로 내 목을 졸랐다.

고등학교 진학을 포기하고 홈스쿨링으로 검정고시를 준비하겠다고 아빠에게 애원했다. 아빠는 좋은 대학에 가려면 다른 아이들과 같은 길을 가야 한다고 나를 나무랐다. 한 시간이나 걸리는 탓에 우리 학교 아이들이 지망하지 않는 고등학교를 선택하는 것으로 만족해야 했다.

고등학교에 입학한 뒤 성격을 바꾸려고 적극적으로 움직였다. 선생님을 도와 환경미화를 하며 학교에 적응했고 방송부 동아리에 가입해 주말마다 고교 연합 모임에도 참가했다. 그렇게 중학생 시절을 잊고 새롭게 출발하려고 했지만 노력은 물거품이 되어버렸다.

놀이동산으로 봄 소풍을 간 날이었다. 다른 학교 아이들도 많아서 혼잡했다. 점심을 먹고 바이킹을 타러 가다가 다른 학교로 진학한 중학교 동창을 만났다. 녀석은 내 별명을 부르며 장난을 쳤고 나는 귀를 막았다. 운이 나빴다. 그 녀석과 같은 학원에 다니는 아이가 우리 반에 있었다. 내 과거는 금세 소문이 났다.

며칠 뒤, 한 녀석이 돈을 빌려달라고 했다. 다른 녀석도 손을 내밀었다. 당황해 우물쭈물하자 그중 한 놈이 바닥에 침을 뱉으며 주먹으로 내 입가를 후려쳤다. 치아가 흔들리며 온몸으로 뜨거운 통증이 퍼져나갔다. 입안에서 피비린내가 났다.

"엄마한테 보이스피싱 당했다고 해."

녀석이 10만 원짜리 운동화를 내 휴대전화 소액결제로 구입했다. 주민등록번호를 말하기 싫다고 버텨야 했지만 또 맞고 싶지 않았다. 그 녀석은 게임 사이트와 야동 사이트에도 가입해 결제 내역이 문자로 날아왔다. 속수무책으로 당하면서도 나는 입을 열지 않았다.

차라리 보이스피싱을 당하는 게 나을 것이다. 그러면 경찰에 신고라도 할 수 있을 테니까. 녀석들은 부모님이 없을 때 집에 찾아와 값나가는 브랜드 점퍼를 빌려 갔다. 녀석들은 '훔쳤다'는 말을 절대로 쓰지 않았다. 현관문 도어락 비밀번호를 묻지 않아 그나마 고마웠다.

멜론 맛 우유는 금방 없어졌다. 빈 우유 통을 보니 더 헛헛하고 답답했다. 학교에 갈 시간이 가까워지고 있었다. 시간을 물어보려고 지나가는 사람들을 살펴보았다. 이어폰으로 귀를 막고 있거나 마스크를 끼고 있어서 선뜻 다가갈 수 없었다.

산책로를 따라 걸었다. 단풍이 들기 시작한 나무들, 멋진 카페, 당당하게 서 있는 관악산의 멋진 풍경에 감탄할 여유가 없었다. 우리의 뇌에는 왜 삭제 기능이 없는 것일까. 잊고 싶은 일일수록 더 선명하게 기억되는 까닭은 무엇일까. 며칠 전, 학교 화장실에서 녀석들에게 얻어터질 때의 모습이 생생했다. 녀석 앞에서 쩔쩔맬 때마다 어떤 비현실적인 생각에 빠져들었다. 그러면 그 순간이 대수롭지 않게 지나갔고 몸이 가벼워지며 허공으로 떠오르는 기분이었다. 그렇게라도 지긋지긋한 현실에서 벗어나고 싶었다. 그 상상을 행동으로 옮기는, 그날이 가까워지고 있었다. 녀석들에게 복수하는 유일한 방법이었다. 지난주에는 인터넷 커뮤니티에 가입해 나와 같은 생각을 하는 사람들의 사연을 읽었다. 가족들이 퇴근하기 직전에 행동으로 옮기는 사람이 많다는 것을 알게 되었다. 얼른 자신을 발견해주기를 바라는 마지막 계산이었다. 조금 더 검색을 하면 고통스럽지 않게 세상을 떠나는 방법을 알아낼 수 있을 것이다.

여러 가지 생각에 머리가 아팠다. 빈 우유 통을 짓밟아 찌그러트리고 휴지통을 찾아 두리번거렸다. 마침 모퉁이 골목길에 오토바이가 서 있고, 덩치 큰 녀석들이 시시덕거리며 담배를 피우고 있었다. 뒷모습만 보여 얼굴은 볼 수 없었다. 그중 한 녀석의 엉거주춤한 모습이 낯익었다. 나를 괴롭히는 우리 반 녀석 같았다. 긴가민가하며 어떻게 할지 망설일 때 녀석이 고개를 돌렸다. 나는 순식간에 뒤돌아섰다. 만약 그 녀석이 확실하다면 내 얼굴을 보았을 것이다.

산 쪽으로 무작정 뛰었다. 붙잡히면 안 된다. 신호등의 불이 바뀌며 차들이 달려왔다. 큰길로 뛰어들었다. 몇 걸음 앞으로 내디뎠을 때, 달려오던 차가 급브레이크를 밟으며 멈춰 섰다. 날카로운 못으로 철판을 긁는 소리가 퍼져나갔다.

"야! 이 새끼야! 죽고 싶어서 환장했어?"

운전자가 창밖으로 얼굴을 내밀고 손가락질을 했다. 사과할 겨를이 없었다.

헉헉거리며 산길로 뛰어가 모퉁이에 쭈그려 앉았다. 등으로 땀이 흘러 셔츠가 달라붙었다. 바람이 뜨거워져 온몸에서 더운 기운이 올라왔다. 목이 말랐다. 지금 내려가면 녀석과 마주치게 된다. 어쩔 수 없이 오르막길을 따라 계속 걸어갔다.

5분이 지났다. 갈림길이 나왔다. 관악산 둘레길로 올라가거나 절 어귀로 들어가야 한다. 따가운 햇살에 살갗이 뜨거웠고 허기가 져 산행을 하고 싶지 않았다. 목이 말라 둘레를 기웃거리다가 절 안에 있는 샘물을 발견했다.

안양사(安養寺)라고 적힌 큰 표지석을 지났다. 주차장이 나왔고 샘물 흐르는 소리가 들렸다. 샘물가로 뛰어가 바가지로 물을 가득 떠서 단숨에 마셨다. 차가운 기운이 온몸으로 퍼져나갔다. 정신이 들면서 문득 그 녀석의 얼굴을 찬찬히 떠올려보았다. 우리 반 아이가 아닐 수도 있다. 전혀 모르는 사람을 보고서 허겁지겁 도망쳐야 하는 내 처지를 생각하니 다리에 힘이 빠졌다. 바가지에 샘물을 떠서 마시다가 남은 물을 얼굴에 끼얹었다.

소매로 얼굴을 훔치고 절 안으로 들어갔다. 산책로가 뻗어 있었고 소나무 숲이 나왔다. 소나무 냄새가 좋았다. 미세먼지도 느껴지지 않았다. 시원한 바람에 땀이 금세 식었다. 산책로 중간쯤에 안내판이 서 있었다. 안양사의 역사와 여러 가지 보물에 대해 적혀 있었다.

'안양(安養)이란 불교에서 아미타불이 상주하는 극락정토를 말한다. 안양세계는 즐거움이 가득한 자유로운 이상향을 의미하며, 안양시의 지명은 안양사(安養寺)에서 유래한다.'

안양이라는 도시의 의미가 너무 낯설었다. 즐거움이 가득한 자유로운 이상향, 그런 곳이 있다면 얼마나 좋을까. 나는 계속해서 안양을 중얼거렸다.

소나무 숲을 지나 계단으로 걸어갔다. 대웅전이 있었다. 바람이 조금 더 세게 불었다. 대웅전 처마에 달린 풍경이 흔들리며 맑은 소리를 냈다. 마음이 차분해지고 몸이 가벼워졌다. 신발을 벗고 대웅전 안으로 들어가 부처님에게 세 번 절을 했다. 부처님은 내 고민을 해결해줄 힘이 있을 것 같았다. 그윽한 향냄새가 좋았다.

다리를 쭉 뻗고 앉아 대웅전을 둘러보다가 벽에 걸린 시계를 보게 되었다. 열두 시였다. 한 시까지 학교에 도착하려면 지금 출발해야 한다. 하지만 가고 싶지 않았다. 지각을 하면 담임에게 욕을 얻어먹을 것이다. 안양사에 와서 부처님에게 기도했지만 고민이 해결되기는커녕 시간이 흐를수록 더 복잡하게 꼬여가고 있었다.

가방을 들고 밖으로 나왔다. 대웅전 뒤로 석불이 서 있었다. 세상에 부처님이 이렇게 많은데 왜 고민 하나를 해결해주지 못하는 것일까. 원망스러워 이번에는 절을 하지 않았다. 불상 앞에는 초코파이 한 상자와 음료수가 놓여 있었다. 초코파이를 보니 입에 침이 고였다.

주변을 둘러보았다. 사람이 없었다. 옆에 새로 지은 법당이 있었지만 그 앞에 신발이 놓여 있지 않았다. 법당 안에서 기도하는 사람이 없다는 뜻이었다. 될 대로 되라는 듯, 살금살금 다가가서 상자를 뜯어 초코파이를 꺼냈다. 석불이 나를 똑바로 내려다보고 있었지만 두렵지 않았다.

초코파이를 입에 넣었다. 단맛을 느낄 수 없었다. 또 하나를 넣었다. 초코파이 덩어리가 식도 한가운데 꽉 막혀 내려가지 않았다. 숨이 막혀 주먹으로 가슴팍을 세게 때렸다. 초코파이 상자 옆에 있는 음료수를 벌컥벌컥 삼키다가 숲으로 달려가 초코파이 덩어리를 뱉어냈다. 여전히 가슴 통증이 남았다. 석불은 인자한 얼굴로 내 행동을 고스란히 지켜보고 있었다. 입가를 손바닥으로 닦으며 석불의 얼굴을 노려보다가 뛰어가 석불 아래쪽을 발로 세게 걷어찼다. 하지만 석불은 전혀 움직이지 않았다. 오히려 나를 비웃는 것 같았다. 발가락이 아파왔다. 세상이 흔들리도록 고함을 지르면 후련해질 것 같았다.

"그렇게 해서 석불이 부서지겠냐?"

덩치가 큰 아줌마가 법당 문을 열고 나왔다. 그러고는 구석에 있는 신발장에서 신발을 꺼냈다.

나는 바닥에 털썩 주저앉았다. 햇살이 무대 조명처럼 강하게 내리쬐고 있었다. 바닥에서 열기가 올라왔다. 눈가가 뜨거워졌지만 눈에 힘을 주었다.

"답답하면 어떻게 해서든 화를 다스려야지. 부처님도 네 마음을 다 헤아릴 거야. 학생이 이 시간에 절에 왜 왔어? 학교 땡땡이쳤어?"

아줌마는 우리 학교 학생부장처럼 물었다. 나는 입술을 달싹거리며 우물쭈물했다. 그때 어디에선가 트로트 가요가 흘러나왔다. '어머나 어머나 이러지 마세요! 여자의 마음은 갈대랍니다!' 고요한 산사와 어울리지 않는 가사와 구성진 여가수의 목소리. 휴대전화 벨소리였다. 아줌마가 휴대전화를 꺼내 통화를 했다.

"오늘이 그날이라서 절에 왔어. 기도 끝내고 저녁에 갈게."

아줌마의 목소리가 흔들렸다. 나는 그 틈을 타서 재빨리 계단을 내려가려고 했다. 통화를 끝낸 아줌마가 큰 손으로 내 목덜미를 낚아챘다.

"고등학생 같아 보이는데, 어린 나이에 왜 얼굴이 어두워?"

아줌마가 꼬치꼬치 캐물을 것 같아 안양사를 떠나고 싶었다. 아줌마 특유의 수다스러움이 싫었다. 하지만 아줌마 곁에서 엄마 냄새가 풍겼다. 아줌마는 내 손을 세게 잡아 주차장 쪽에 있는 건물로 끌고 들어갔다. 공양간이라고 적혀 있었다. 절의 식당이라고 아줌마가 말했다.

"보살님, 배고파요! 밥 좀 주세요."

아줌마는 밥상 위에 있는 찐 고구마를 집어 먹었다.

"이제 김치찌개 끓이려는 참인데, 먹을 복이 있네. 세상에서 그 복이 가장 중요하지!"

허리가 굽은 할머니가 중얼거리며 냉장고에서 김치를 꺼냈다. 톡 쏘는 신 김치 냄새에 입안 가득 침이 고였다. 할머니는 김치를 썰어서 뚝배기에 놓고, 그 위에 두부를 올려놓았다. 아줌마는 밥솥 뚜껑을 열고 그릇에 밥을 가득 펐다. 구수한 밥 냄새에 긴장이 풀렸고, 불쾌하게 두근거리던 가슴도 차분해졌다.

밥상에는 김치찌개와 깻잎절임, 무말랭이가 전부였지만 아침부터 굶었더니 어느 호텔 뷔페보다 더 맛있었다. 김치찌개 국물에 밥을 말아 먹으며 휴지로 이마에 맺힌 땀을 닦았다.

"눈치 보지 않고 배 터지게 먹는 걸 보니 뭐든 하겠구나."

아줌마가 내 어깨를 두드렸다. 아줌마의 말이 귓가에 계속해서 맴돌았다.

아줌마가 휴대전화를 보다가 혼잣말처럼 열두 시 오십 분이라고 말했다. 원치 않게 시간을 알게 되었다. 다시 현실로 돌아온 느낌이었다. 속이 더부룩해졌다. 곧 담임은 나에게 전화를 할 것이다. 휴대전화가 꺼졌다는 기계음을 듣자마자 전화를 끊고 엄마와 통화를 할 것이다. 나는 어떻게 해야 할까. 즐거움만 있다는 그놈의 안양은 도대체 어디에 숨어 있는 것일까. 이제 출발해도 종례 시간쯤에 학교에 도착하게 된다. 학교에 가는 것을 포기했다. 될 대로 되라는 마음이 점점 커져갔다.

"밥 먹었으면 밥값을 해야지."

아줌마가 걸레를 내밀었다. 아줌마의 목소리에는 거스를 수 없는 힘이 있었다.

식사를 마치고 아줌마를 따라 공양간을 나왔다. 그사이 사방이 어둑어둑했고 바람에 습기가 묻어 쌀쌀했다. 을씨년스러운 오후였다.

아줌마는 샘물가 앞에 있는 작고 낡은 법당으로 들어갔다. 소나무 숲이 창문을 막고 있어서 어두컴컴했다. 아줌마는 그 법당을 '명부전'이라고 말했다. 죽은 사람이 염라대왕 앞에서 심판을 받는 곳이 '명부'라고 덧붙였다. 명부라는 이름과 어두침침한 법당 분위기가 잘 어울렸다. 아줌마가 전기 스위치를 켰다. 형광등이 들어와 법당을 환하게 비추었다. 법당 가운데 불상이 있고 옆으로 영정 사진이 빼곡하게 놓여 있었다. 죽은 자들을 위한 공간이었다.

아줌마는 빗자루로 바닥을 쓸었고 나는 걸레로 닦았다. 법당이 조붓해 청소는 금방 끝났다. 아줌마는 수많은 영정 사진 속에서 대학생으로 보이는 남자의 사진을 꺼내 불상 앞에 놓았다. 영정 사진 속 주인공은 누구일까. 아줌마가 방석 두 장을 깔더니 옆에 앉으라고 손짓했다.

"아들의 군대 후임이야. 오늘이 그 친구의 일곱 번째 기일이지."

아줌마의 눈동자에 실핏줄이 선명했다.

수다스러운 아줌마가 입을 꾹 다물었다. 먼저 입을 열 수 없어 아줌마의 눈치를 살폈다. 아줌마는 영정 사진을 향해 절을 세 번 하고 다시 앉았다. 한참 동안 뜸을 들이더니 입을 열었다.

"아들 녀석과 선임 몇 명이 괴롭혀서 스스로 세상을 떠났어. 살아 있다면 지금쯤 결혼했을 텐데."

아줌마는 깊은 한숨을 내쉬었다. 어떤 사연이 있는지 알 수 있었다. 나를 괴롭히는 녀석들의 엄마를 본 듯한 기분이었다. 갑자기 사레가 들린 것 같아 헛기침을 했다.

"처음에는 저 녀석보다 아들 걱정이 먼저였지. 부모와 소대장에게 왜 말하지 않고 혼자 끙끙 앓다가 죽어서 아들에게 무거운 짐을 안겨줄까. 저 녀석을 원망했어."

아줌마가 차분하게 말을 이어나갔다.

화가 끓어올라 아줌마의 넋두리를 듣고 있을 수 없었다. 무엇보다 내 계획을 들킨 것 같아 귀까지 뜨거워졌다.

"말을 해도 달라지는 것이 없으니까 독한 결정을 내렸겠죠. 죽은 사람의 마음을 헤아려보았어요?"

떨리는 목소리를 숨길 수 없었다. 하고 싶은 말이 많았지만 목구멍 밖으로 나오지 않았다.

"우리 아들 잘못이 크지. 그것을 잘 아니까 매년 기일마다 찾아오는 거야. 우리 아들은 그 녀석이 원래 심각한 우울증 환자여서 독한 마음을 먹었다고 둘러대. 결혼해서 아이를 낳고 키워보면 반성할 거라고 믿어."

아줌마는 가방에서 손수건을 꺼내 눈가를 훔쳤다.

"왜 우, 우울증에 걸렸겠어요? 하소연할 곳이 없어서 가, 가슴앓이를 하다가 더 이상 견딜 수 없어 독한 마음을 먹었을 거예요."

나는 자꾸 더듬거렸다. 영정 사진 속 사내의 얼굴을 들여다보았다. 짧은 스포츠머리와 부리부리한 눈동자, 거리에서 한 번쯤 보았을 평범한 대학생이었다. 액자 유리에 내 모습이 반사되어 얼굴이 겹쳐 보였다. 영정 사진을 똑바로 볼 수 없어 눈을 돌렸다. 아줌마가 법당 문을 열고 벽에 기대어 먼산바라기를 했다.

나를 괴롭히는 녀석들이 떠올랐다. 내가 계획을 실천으로 옮겨도 녀석들은 내 잘못이라고 도리어 손가락질하며 조롱할 것이다. 세상도 나를 비웃을지 모른다. 7년이라는 세월이 흐르는 동안 사내의 죽음을 몇 명이나 기억하고 있을까. 나는 영정 사진을 향해 세 번 절을 했다.

시계를 보았다. 한 시 삼십 분이 지나고 있었다. 엄마는 계속해서 내게 전화를 하고 있을 것이다. 이제 부모님 그리고 선생님과 상담을 하게 될 것이다. 사내 녀석이 고자질한다고 놀려도 두렵지 않다. 휴대전화를 꺼내 전원을 켰다. 문자메시지 수십 개가 와 있었다. 읽어보지 않았다. 카카오톡 어플리케이션을 다시 다운받았다. 스산한 바람이 법당 안으로 들어왔다. 가방을 열고 꾸깃꾸깃하게 접혀 있는 교복 재킷을 꺼내 입었다. 세탁소에 맡겨서 찢긴 소매를 꿰매고 깔끔하게 다려야겠다.

아줌마가 먼저 법당을 나섰다. 비가 내렸다. 빗방울은 금세 굵어졌다.

소나무 냄새와 흙냄새가 더 진하게 풍겼고 후텁지근한 열기가 식었다. 공양간에서 나온 할머니가 명부전 앞 석등에 불을 켰다. 노란 불빛이 따스하게 느껴졌다. 아줌마가 주차장으로 달려가더니 자동차 트렁크를 열고 우산을 가져왔다.

"저녁 예불까지 마치고 내려갈 거야. 우산 쓰고 먼저 내려가!"

아줌마는 다시 계단을 올라 대웅전으로 향했다.

우산을 쓰고 안양사를 나왔다. 우산으로 떨어지는 빗방울 소리가 또렷하게 들렸다. 미세먼지가 사라져 공기가 맑았다. 호흡을 크게 했다. 바람이 쌀쌀했지만 춥지 않았다.

둘레길 어귀를 지나 호젓한 산길을 내려왔다. 등산객들은 마스크를 벗고 이야기를 나누며 걷고 있었다. 멀리 버스 종점이 보였다. 안양 시내를 지나 학교로 가는 버스가 출발 준비를 하고 있었다. 나는 발걸음을 재촉했다.

판타스틱 내 인생

늦잠을 자고 싶었지만 햇살이 뜨거워 어쩔 수 없이 일어났다. 아홉 시 삼십 분이었다.

티셔츠가 땀에 젖어 눅눅했고 퀴퀴한 냄새가 났다. 선풍기를 틀었지만 후텁지근한 바람이 나와 온풍기 앞에 앉아 있는 것 같았다. 전기세가 많이 나온다며 절대 에어컨을 사지 않는 알뜰한 엄마. 엄마는 냉방병에 걸릴 정도로 시원한 대형 마트에서 일해 불볕더위의 고통을 모른다.

아침밥을 대충 먹었다. 학교에 다닐 때는 친구들과 같이 점심 먹는 재미가 쏠쏠해 식사 시간을 기다렸다. 방학에는 세 끼를 혼자 먹게 돼 밥맛이 없었다.

식사를 끝내고 친구들에게 전화를 했다. 5학년인데도 아직 휴대전화가 없어서 친한 녀석들의 전화번호를 외우느라 기억력이 좋아지고 있다. 진오는 할머니 댁에 간다고 했고, 철민이는 학원에서 워터파크로 놀러 간다고 호들갑을 떨었다.

우리 집은 휴가 계획을 세우지 않았다. 엄마는 휴가철이 시작돼 너무 바빠 보름 동안은 하루도 쉴 수 없다고 했다. 휴가를 가려고 해도 자가용이 없다. 버스를 타고 가면 도착하기 전에 기운이 빠질 것이다. 아홉 살 때, 아빠가 교통사고로 세상을 떠난 뒤로 엄마는 절대 운전을 하지 않았다. 빨리 어른이 돼 내가 직접 운전을 해 어디든지 가보고 싶다.

학원 수업은 두 시부터였다. 그때까지 무엇을 하며 시간을 때울까 궁리를 했다. 그사이 햇볕이 더 뜨거워졌다. 그리고 낡은 빌라가 앞뒤로 막고 있어서 바람이 들어오지 않아 곧 찜질방처럼 후끈거릴 것이다. 이런 사막 같은 곳에 덩그러니 앉아 텔레비전을 보고 싶지 않아 학원 가방을 챙겨 집을 나섰다.

놀이터에는 아무도 없었다. 같이 축구할 녀석들이 오기를 기다리며 그네를 탔다. 1초, 1분이 달팽이처럼 느릿느릿 흘러갔다. 조금 지나자 햇볕이 내려앉아 목덜미가 뜨거웠다. 아장아장 걷다가 넘어지기 일쑤인 아기들이 지나갈 뿐, 내 또래는 보이지 않았다. 다들 휴가를 갔나 보다.

놀이터를 빠져나와 조금 더 걸었다. 부천시청이 보였다. 시청에 'PIFAN, 부천국제판타스틱영화제 개막'이라고 적힌 노란 현수막이 걸려 있었다. '판타스틱'이란 낱말이 유독 눈에 들어왔다. 많이 들어보았지만 정확한 뜻을 모르겠다.

강한 햇빛을 피해 나무 그늘을 따라 걸어갔다. 영화관이 있었다. 문득 어린이날이 떠올랐다. 그날 아침에 조조할인으로 엄마와 영화를 보았다. 영화가 끝나고 어느 장면에서 뭉클했는지, 웃음이 터졌는지 엄마와 이야기를 나누려고 했다. 하지만 엄마는 햄버거를 사주고 곧장 일하러 갔다. 어린이날 선물을 사러 온 사람들로 마트가 붐비는 날이라 어쩔 수 없었다. 나는 신발을 질질 끌면서 혼자서 집으로 발걸음을 옮겼다. 지나가던 아저씨가 먼지가 날린다며 씩씩하게 걸으라고 야단을 쳐 울컥했던 기억이 아직도 생생하다.

그날 본 영화는 〈올레! 두근두근〉이었다. 우연히 어른들의 비리를 알게 된 어린이가 탐정이 되어 사건의 진실을 파헤치는 통쾌한 이야기다. '올레', '두근두근'은 주인공과 친구들이 쓰는 암호다. 예측할 수 없는 사건이 계속 일어나 영화를 보는 두 시간이 10분처럼 짧게 느껴져 끝나는 것이 아쉬웠다. 드라마나 만화, 게임에서는 절대 느낄 수 없는 감동도 있었다.

〈올레! 두근두근〉은 내가 꼽은 최고의 영화로, '시즌 2'가 개봉한다는 소문이 없는지 인터넷 검색을 할 정도로 마니아가 되었다. 주인공이 사건을 해결할 때마다 흘러나오는 경쾌한 음악이 좋아 그 노래를 컴퓨터에 다운받아 종종 듣는다. 그 음악을 들으면 시무룩한 마음이 사라지고 힘이 난다. 그 영화를 보지 않았다면 올해 어린이날은 최악의 하루가 되었을 것이다.

영화관 입구에 접이식 책상과 의자가 놓여 있고, 큰 파라솔을 쳐서 햇빛을 막았다. '부천국제판타스틱영화제' 안내 부스라는 팻말이 곳곳에 붙어 있었다. 그 옆에서 노란색 티셔츠를 입은, 대학생 형 누나들이 안내장을 내밀었다. 누나는 나와 눈이 마주쳤지만 안내장을 주지 않았다.

"저도 부천 시민인데 왜 안내장을 안 줘요? 공짜 영화는 없어요?"

"몇 학년이야? 참 야무지네. 어린이 영화는 중앙공원에서 무료 상영했어. 영화 좋아해?"

누나가 머리를 쓰다듬으며 안내장을 내밀었다.

"재미있는 영화를 보면 기분이 좋아지잖아요. 특히 무서운 영화를 엄청 좋아해요."

안내장을 훑어보았다. 공짜 영화가 끝나버려 아쉬웠다. 남은 영화는 대부분 어른들만 볼 수 있었다. 15세 관람 영화도 몇 편 있었지만, 돈이 없었다.

형이 볼펜 한 자루를 주었다. 볼펜 가운데 'PIFAN'이라고 적혀 있었다. '부천국제판타스틱영화제'의 영어 줄임말이라는 것을 알 수 있었다. 시원한 영화관에 앉아 재미있는 영화를 보며 팝콘과 콜라를 먹고 싶은 날이었다. 누나가 과자가 담긴 간식 봉지를 선물로 주었다. 영화제 덕분에 횡재한 날이었다.

과자를 먹으며 느긋하게 걸었다. 동사무소가 나왔고, 1층에 부천작은 도서관이 있었다. 꼬마들이 엄마 손을 잡고 도서관 문을 열었다. 시원한 에어컨 바람을 쐬고 싶어 뒤따라 들어갔다.

또래 남자 아이들이 구석에 앉아 만화 삼국지를 보고 있었다. 아줌마들은 방학 안내문에 나온 필독서 목록을 보며 책을 찾느라 바빴다. 방학 숙제를 생각하니 마음이 답답해졌다. 하지만 벌써부터 숙제 스트레스를 받고 싶지는 않았다.

찬바람에 땀이 금세 식어 티셔츠가 보송보송해졌다. 나도 바닥에 앉아 만화책을 넘겼다. 뒷주머니에 꽂아놓은 영화제 안내장이 불편했다. 안내장을 꺼내 휴지통에 버리려고 할 때, 〈호러 판타스틱〉이라는 영화가 눈에 들어왔다.

영화 소개에 나온 사진을 들여다보았다. 어리바리한 귀신들의 모습은 무섭기보다는 익살스러웠다. 귀신 가족들이 모험을 떠나며 여러 가지 사건을 일으키는 흥미로운 이야기였다. 공포 영화를 보다가 귀신이 나타나는 순간 소리를 지르면 스트레스가 풀리고 짜릿해진다. 나도 낯선 곳으로 모험을 떠나는 상상을 자주 하기 때문에 호기심이 더 부풀어 올랐다.

그 영화는 내일 두 시에 상영한다. 관람료는 4,000원이고 15세 이상만 볼 수 있었다. 엄마에게 용돈을 받아도 나이가 어려서 볼 수 없었다. 요즘 열두 살이 똑똑하고 어른스럽다는 것을 어른들만 모른다. 문득 판타스틱이 무슨 뜻인지 궁금했다. 누나가 준 과자를 우적우적 씹으며 미국 사람처럼 혀를 굴려 멋지게 '판타스틱'을 발음했다. 옆에 있는 녀석들이 나를 흘낏거렸다.

학원을 마치고 집에 돌아왔다. 저녁이 되자 불볕더위가 식으며 시원한 바람이 불었다. 바람이 어제보다 차가워 오늘 밤은 잠을 설치지 않을 것 같았다.

배가 고팠다. 그릇에 밥을 가득 담고, 그 위에 '3분 카레'를 부어 전자레인지에 데웠다. 내일은 '3분 짜장'을 먹어야겠다. 골라 먹는 재미가 있어서 그나마 다행이었다.

텔레비전을 보며 밥을 먹었다. 텔레비전 소리가 들리지 않으면 집 안이 너무 조용해 무섬증이 일었다. 학원에 가지 않았다면 온종일 입을 꾹 다물고 지낼 뻔했다. 3분 만에 식사를 끝내고 소파에 드러누웠다. 3분 만에 먹을 수 있어서 '3분 카레'인가 보다.

리모컨으로 버릇처럼 채널을 돌렸다. 케이블 방송에서 영화 정보 프로그램을 하고 있었다. 수염이 덥수룩한 영화감독 아저씨가 다리를 꼬고 앉아 인터뷰를 했다. 재미가 없어 다시 채널을 돌리려고 할 때였다. 영화 〈올레! 두근두근〉 이야기가 나왔다. 아저씨는 그 영화를 촬영한 감독님이었다. 리모컨을 소파에 내려놓고 채널을 고정했다.

감독님은 머리카락이 많이 빠져 나이가 들어 보였고, 낡은 티셔츠를 입고 있어 비호감 외모였다. 우리 빌라에 사는 아저씨들과 비슷했다. 멋진 영화배우들과 같이 일하기 때문에 감독도 멋질 거라는 기대는 착각이었다.

기자가 아저씨에게 언제부터 영화에 관심을 보였는지 물었다. "어린 시절부터 영화를 많이 봤어요. 사춘기에는 영화 개봉하는 날에 학교를 땡땡이쳐서 극장에 갔죠." 아저씨가 너털웃음을 터트렸다. 아저씨의 순박한 눈에서 빛이 났다. 손짓도 예사롭지 않았다. 외모로 사람을 판단하면 안 된다는 큰 교훈을 깨달으며 영화감독이라는 직업에 대해 곰곰 생각하게 되었다.

인터뷰가 끝나고 재미없는 뉴스가 시작되었다. 다른 녀석들에게는 아저씨의 인터뷰도 뉴스만큼이나 지루했을 것이다. 선하품을 하며 리모컨을 만지작거리다가 까무룩 잠이 들었다.

"아들, 방에 들어가서 자!"

엄마가 냉장고에서 물을 꺼냈다. 눈을 비비며 시계를 보았다. 열한 시가 넘었다.

"우린 언제 휴가를 가?"

"지금 휴가 가면 사람 많아서 힘들어. 광복절 지나면 찜질방에 가서 맛있는 간식 먹으며 놀자."

"내일 영화 보러 가고 싶어!"

"혼자 영화 보러 간다고? 다음에 엄마랑 같이 가자."

엄마는 안방에 들어가 침대에 누웠다.

어제와 다르게 서늘한 바람이 부는 아침이었다.

밥을 먹으며 친구들에게 전화를 했다. 다들 오후에 놀 수 있다고 했다. 그 시간에 나는 학원에 가야 한다. 학원에 빠지면 선생님이 엄마에게 문자로 고자질을 한다. 그러면 엄마는 퇴근하자마자 폭풍 잔소리를 할 것이다. 벌써부터 귀가 따가웠다.

아침 겸 점심을 먹고 학원에 가면 또 하루가 지나간다. 방학이 지루해 차라리 학교에 가고 싶다. 무엇보다 혼자서 세 끼를 먹는 것이 지겨웠다.

학원 가방을 챙겨 밖으로 나갔다. 부천시청 쪽으로 걸어가는 사이 하늘에 먹구름이 잔뜩 꼈다. 바람도 쌀쌀했다. 학원을 땡땡이치면 좋을 날씨였다. 피시방에 갈까 망설이다가 학원으로 향했다. 서두르지 않으면 지각이었다.

발걸음을 재촉하며 영화관 앞을 지났다. 어제 간식을 준 누나가 의자에 앉아 있었다. 인사를 하자 누나가 손을 흔들었다. 지나가던 아저씨가 누나에게 영화제에 관해 물었다. 누나가 친절하게 오늘 상영하는 영화를 소개했다. 〈호러 판타스틱〉 영화가 20분 뒤에 시작한다는 것을 알게 되었다. 누나의 안내를 들을수록 더 보고 싶었다. 하지만 돈이 없었다.

"판타스틱이 무슨 뜻이에요?"

영화 안내장을 만지작거리며 물었다.

"멋지거나 환상적인 걸 말해. 영화를 보면서 모험과 사랑을 느낄 수 있을 거야."

누나가 알아듣기 쉽게 설명해주었다.

시원한 영화관에 앉아 그 영화를 보면 이번 방학이 판타스틱해질 것 같았다. 문제는 판타스틱해질 방법이 없다는 것이다. 다리에 힘이 빠졌고, 학원 가방이 무겁게 느껴졌다.

횡단보도 앞에 서서 신호등이 바뀌기를 기다렸다. 차가 막혀 여기저기에서 경적이 울렸다. 매캐한 매연 때문에 속이 울렁거려 얼른 사거리를 벗어나고 싶었다. 그때 갑자기 빗방울이 떨어졌고 사방이 어두컴컴해졌다. 사람들이 우왕좌왕하더니 건물 입구로 뛰어갔다. 빗방울은 더 굵어졌다. 아스팔트에서 후끈한 기운이 올라왔다. 신호등은 바뀔 생각을 하지 않았다. 나도 영화관 입구로 뛰어가 비를 피했다.

누나는 혼자서 책상 위에 놓여 있는 안내장을 챙겼다. 안내장이 비에 흠뻑 젖었다. 어제 받은 간식이 떠올라 가만히 있을 수 없어 누나를 도와 안내장을 상자에 담았다. 누나는 책상을 접어서 양손에 들고 영화관으로 들어갔다. 나도 상자를 들고 뒤따라갔다.

영화관에는 제법 사람이 많았다. 상영관 1관 입구에 상자를 내려놓았다. 누나는 책상을 놓고 의자를 가지러 밖으로 뛰어나갔다.

"1관에서 〈호러 판타스틱〉 영화를 상영합니다."

직원 아저씨가 외쳤다. 사람들이 1관으로 들어갔다.

5분이 지났다. 더 이상 사람이 오지 않았다. 인기가 많은 영화가 아니었다.

아저씨는 2관 앞으로 걸어가 직원 누나들과 수다를 떨었다. 영화 제목과 포스터가 머릿속을 떠나지 않았다. 곧이어 1관에서 경쾌한 음악이 들려왔다. 가슴이 뜨거워졌다. 멋진 영화를 볼 수 있다면 학원을 빠져도 된다고, 영화감독 아저씨가 속삭이는 것 같았다. 조금 불량해야 더 멋진 사람이 될 수 있을지도 모른다.

영화를 보고 싶어 조바심이 났다. 직원들은 수다를 떠느라 나를 눈여겨

보지 않았다. 마음을 야무지게 먹었다. 시간이 흘러가고 있었다. 서둘러야 한다. 상자를 정리하는 시늉을 하다가 몸을 움츠리고 다리에 힘을 주었다. 하나, 둘, 셋! 호흡을 크게 하며 재빨리 1관 안으로 뛰어갔다. 오늘의 암호명은 '판타스틱'이다. 이번 여름방학이 판타스틱해질 것 같은 짜릿한 예감이 들었다.

송지현

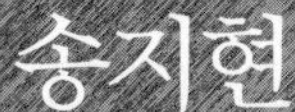

호수 낚시를 즐기다 실종된 몇 명의 사람들
가장 마지막에 이동한 야구공

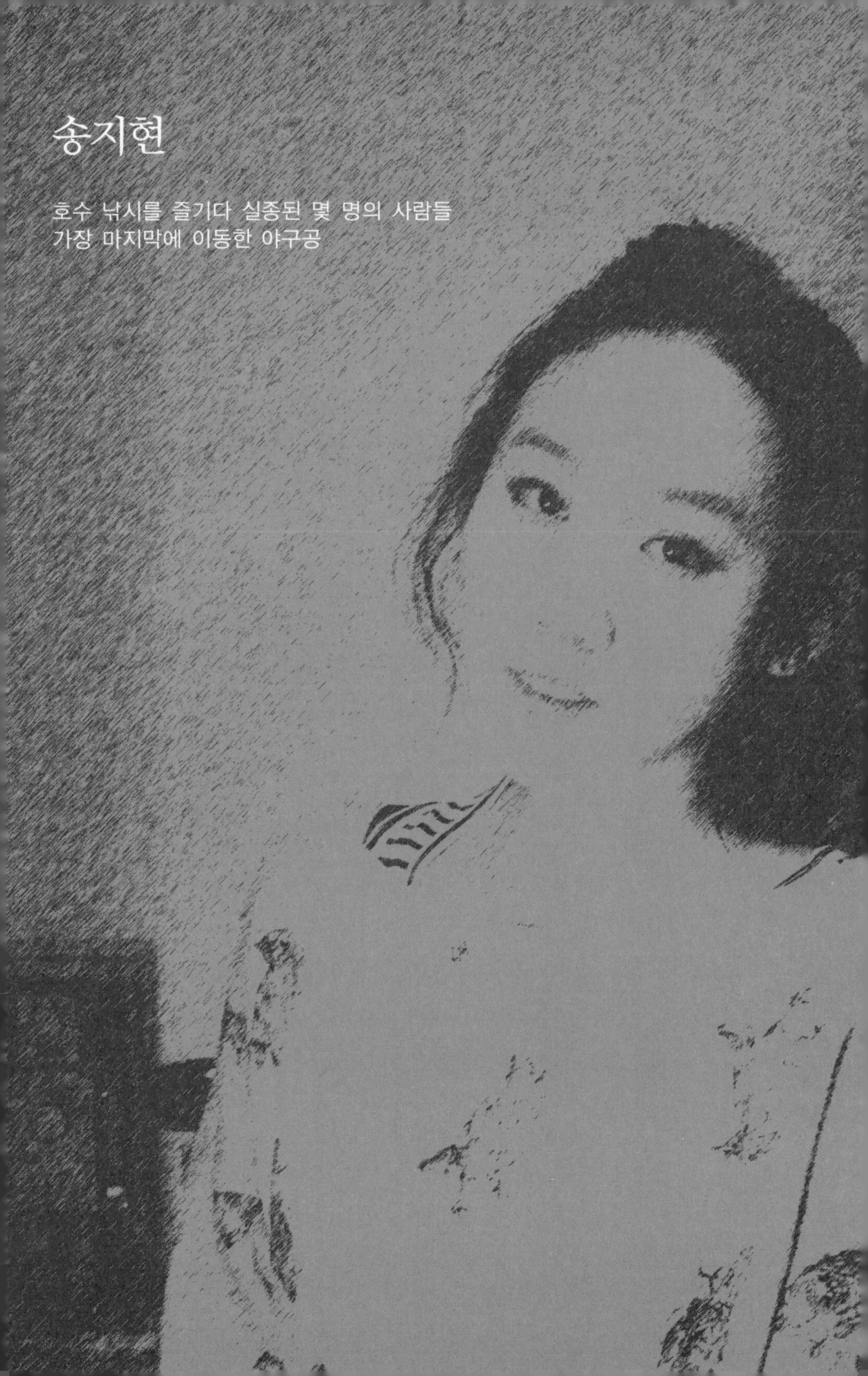

호수 낚시를 즐기다 실종된 몇 명의 사람들

그녀는 백운호수에서 만나자고 했다.

이곳에 온 것은 두 번째였다. 그나마도 초입까지만 왔던 것이 다여서 나는 조금 헤맸다. 결국 그녀가 말한 매운탕집을 찾았을 때, 나는 실망하지 않을 수 없었다. 간판은 촌스러웠고, 언뜻 들여다본 실내에는 파리가 날아다니고 있었으며, 새로 산 구두는 발을 조이고 있었고, 날씨는 매우 더웠기 때문이다. 나는 실내를 둘러보며 그녀를 찾았지만 그녀는 보이지 않았다. 그녀를 찾으며 가게 안쪽으로 조금 더 들어갔을 때, 나는 그녀가 왜 이곳에서 보자고 했는지 알 수 있었다. 미닫이문 뒤쪽으로는 대청마루가 있었고, 마루 아래로 호수가 찰랑이고 있었다. 나는 구두를 벗고 곧장 대청마루로 가서 앉았다. 물결이 일 때마다 눈이 부셨다. 그녀는 좀처럼 오지 않았다.

*

그녀와는 대학 동기였다. 그녀는 다른 학교를 졸업하고 다소 늦은 나이에 우리 학교에 입학했다. 융합예술과라는 다소 추상적인 전공이었다. 동기였지만, 우리는 여덟 살의 나이 차이가 났다. 그녀는 종종 예전에 졸업한 학교의 친구들에 대해 이야기해주었다. 그녀의 친구들은 대체로 출산

후 예전 몸매를 잃거나, 시어머니의 폭언에 시달리거나, 남편의 적은 수입 때문에 우울증을 앓고 있었다. 그러면서 그녀는 내게 꿈을 이루기 위해 공부를 계속한다는 것이 얼마나 의미 있는 일인지 설명했다. 그녀는 학교에 입학하며 애인과도 헤어졌다고 했다. 8년이 지난 지금까지, 내가 알기로 그녀는 어떤 애인도 만나지 않았다.

그녀를 처음 만난 때를 기억한다. 대학 입학과 동시에 나는 이모부에게 구형 펜탁스 카메라를 받았고, 작동법이나 배우겠다는 생각으로 사진 동아리에 들었다. 동아리 환영회에 그녀는 벨벳 원단의 팥죽색 퍼프소매 원피스를 입고 나타났다. 과장된 퍼프소매 외에 아무런 장식이 없는 원피스는 어쩐지 청교도적이었고, 때문에 18세기 유럽에서 나타난 것처럼 보였다. 그녀는 학교에 다니는 내내 철 지난 옷들만 입고 다녔고, 언제나 과거에서 온 듯한 느낌을 풍겼다. 그녀를 보자마자 선배고 동기고 할 것 없이 수군거렸다.

모두가 그녀와 있는 것을 껄끄러워했다. 단순히 나이나 외모 탓은 아니었다. 다들 그녀보다 더 나이가 많은 졸업생들과도 술자리를 가졌고, 따로 연락도 하며 지냈다. 하지만 그녀가 나타나면 급한 일이 생겼다며 하나둘씩 사라졌다. 한 남자 선배는 그녀가 자리를 뜨는 것을 확인할 때마다 큰 목소리로 문 뒤에 소리쳤다. 대체 어떤 새끼가 뽑은 거야?

내가 생각하기로, 그녀의 문제는 너무 열정적이라는 데 있었다. 그녀는 뉴스를 보면서 과하게 흥분했고, 피해자가 불분명한 교내 성추행 사건에 대자보를 붙였으며, 동아리 전시회 일주일 전부터는 밤을 새웠다. 그즈음의 모두는 열정과 같은 종류의 것들을 촌스럽다고 여겼다.

그럼에도 그녀와 나는 꽤 친한 편이었다. 어째서 그렇게 되었는지 정확하지는 않다. 나는 공강이면 그녀와 함께 밥을 먹었고, 작업이 늦게 끝나는 날이면 그녀의 집에 가서 잤다. 그녀의 집은 단출했다. 가구는 침대와 좌식책상 정도였고, 그나마도 원래 이 방에 있는 것이라고 했다. 그녀의 짐이라곤 몇 권의 예술 서적과 캔버스틀 두어 개, 그리고 책장 한 칸에 빽빽이 꽂힌 노트들이 전부였다. 나는 그녀에게 그 노트들에 대해 물었다. 내가 글씨를 쓰고 그림을 그리기 시작하면서부터 했던 모든 낙서들을 모아놓은 거야. 그녀의 대답에 나는 가장 왼쪽에 꽂힌 노트를 뽑아 들었다. 정말 서툰 어린아이의 글씨로 그녀의 이름만 몇 페이지씩 반복적으로 쓰여 있었다. 나는 몇 권을 뽑아 펼쳐보고는, 금세 흥미를 잃었다.

나는 그녀와 낚시를 간 적도 있었다. 여름방학이었고, 당초에 나는 남자 친구과 남쪽으로 휴가를 떠날 예정이었다. 사진 동아리 선배였고 우리는 1년 정도 만났다. 그는 주에 3일은 꼭 헬스클럽에 갔고, 데이트 비용은 남자가 모두 내야만 한다는 주의였다. 숙소와 교통수단을 정하다가 우리는 막상 떠나기 며칠 전에 헤어졌다. 나는 뒤늦게 다른 친구들에게 연락을 해보았지만, 그들은 모두 자신들만의 일정이 있었다. 방학을 망쳤다는 생각으로 집에 처박혀 있을 때, 그녀에게 연락이 왔다. 그녀는 바다낚시를 가자고 했다. 그녀에게 모든 순간들은 영감을 위해 열려 있었고, 그렇기에 나는 그녀와 멀리 같이 가는 것을 즐기지 않았으나, 그땐 선택의 여지가 없었다. 남은 방학을 살려내야 했다. 우리는 도와 도 사이에 있는 어느 바다로 떠났다. 바다로 떠나면서, 은근히 기대가 밀려오는 걸 막을 수는 없었다. 나는 모래사장과, 적당한 알코올과 구릿빛 남자들을 상상했다. 그 상상은 버스 터미널에서 그녀를 만나면서 산산이 부서졌다. 그녀는 코에 커다란 여드름을 단 채로, 바람막이와 헐렁한 청바지를 입고, 거대한 카메라 가방을 메고 나타났다.

숙소에서 그녀는 보부아르의 책에 밑줄을 치다 잠들었다. 나는 오래도록 잠들지 못했고, 때문에 어둠 속에서 잠든 그녀를 바라보며 새벽을 보냈다. 나는 그녀의 푹 꺼진 이마와 뭉툭하고 울퉁불퉁한 코와 그에 비해 너무나도 작은 입술로 천천히 시선을 옮겼다. 그녀에겐 정말 성적 매력이라고는 없었다. 나는 그녀가 남자와 자는 모습을 상상하다가 그만두었다.

새벽 무렵 어렴풋이 잠들었을 때 그녀가 날 깨웠다. 해도 뜨기 전이었다. 선장은 늙은 남자였고, 나는 그녀를 따라 바람막이를 입었다. 배는 더럽혀진 하늘색이었다. 게다가 군데군데 도료가 벗겨져 있어 낭만적인 느낌이라고는 없었다. 하늘은 어슴푸레했고 나는 우울했다. 우리는 배를 타고 나가서 나일론 줄 끝에 걸린 바늘로 물고기 몇 마리를 잡아 고추장에 찍어 먹고 돌아왔다. 물고기의 이름조차도 기억나지 않았다.

헤어진 남자 친구는 얼마간 지속적으로 집 앞에서 나를 기다렸다가 내가 별 반응이 없자 영영 나타나지 않았다. 방학이 끝나고 나는 사진 동아리를 탈퇴했고, 멀리서 그를 한 번 본 적이 있었는데, 그의 몸은 근육으로 거대해져 있었다.

그녀는 졸업 직후 두 번의 전시를 열었다. 나는 두 번째 전시회에 갔고, 뒤풀이에서 만난 남자들과 밤을 보냈다. 그게 마지막으로 그녀를 본 날이었다.

졸업과 동시에 나는 카메라에 대해 잊었다. 원래 사진을 찍는 걸 별로 좋아하는 성격은 아니었다. 이모부의 선물이 아니었으면 나는 카메라에 딱히 큰 관심을 두지 않고 살았을 거였다. 이모부는 내게 왜 하필 수동 카메라를 선물했을까. 이 질문이 중요해진 것은 최근이었다.

나의 이십 대는 패션 잡지를 챙겨 읽고, 애인을 갈아치우거나, 숙취에 시달리며 흘러갔다. 졸업 후엔 인테리어 잡지사에 취직했다. 매일 아름다운 곳을 방문했다. 가죽 리클라이너 소파와 고급 디퓨저, 정갈한 수건 세트의 세계에서 종일 헤매고 그걸 사진으로 남겼다. 카메라를 잡을 때마다 나는 사진 동호회를 떠올렸다. 내가 가지고 다니는 카메라는 더 이상 수동 펜탁스가 아니었다. 그건 이제 어디로 갔는지 찾을 수가 없었다. 누군가에게 빌려준 것 같기도 했고, 몇 번의 이사로 분실한 것 같기도 했다. 나는 저녁이면 리클라이너 소파도 고급 디퓨저도 없고, 누군가의 기념일들이 새겨진 수건만이 존재하는, 일곱 평짜리 원룸으로 귀가했다. 세상의 모든 아름다운 곳은 카메라 속에만 존재하는 것 같았다. 새로운 애인을 만드는 건 피곤했고, 패션 잡지는 지루했으며, 술을 마실 친구는 적어졌다.

나의 마지막 애인은 대학원생이었다. 우리는 얼마간 사이좋게 지냈는데, 나는 그에게 이모부가 입학 선물로 준 펜탁스에 대해 얘기했다. 왜 그 얘기를 꺼냈는지 모르겠지만 그때 우리는 모텔에 누워 있었다. 리모컨으로 에어컨을 작동시킨 후, 몇 명이나 거쳤을지 모를 까실한 이불 밖으로 다리를 하나씩 꺼낸 상태였다. 그는 카메라나 이모부의 얘기에 흥미가 없는 게 분명했지만 친절하게 맞장구쳐주었다. 나는 어쩐지 감정이 북받쳐서 울어버렸다. 그는 휴지를 건네고 등을 쓸어주며 능숙하게 위로했다. 나는 그의 품에 안긴 채로, 아주 오랜만에 그녀를 생각했다. 사라진 수동 펜탁스 카메라의 행방에 대해서도.

문득 나는 내 나이를 헤아렸고, 그녀가 대학에 입학하여 나를 만났을 때만큼의 나이가 되었다는 것을 깨달았다.

나는 이모부에게 입학 선물로 왜 하필 카메라를 주었느냐고 묻지 못했다.

이모 내외는 불임이었다. 누구의 문제였는지는 확실하지 않다. 그들 부부는 대신 고양이를 한 마리 키웠고, 내게 쓰인 모든 돈의 절반 정도를 대주었다. 나의 모든 입학식과 졸업식에 참석했고, 내가 초경을 시작한 주말엔 꽃다발과 케이크를 사 왔다. 특히 이모부는 시기적으로 내게 필요한 것들을 적절한 때에 선물해주었다. 예를 들면 MP3플레이어나 전자사전, 랩톱과 같은 것들이었다. 단 한 번, 시기와 맞지 않은 선물을 한 것이 바로 그 수동 펜탁스였다.

나는 종종 이모네 집을 방문했다. 고양이를 보기 위해서였다. 그들은 일찍 은퇴하고 전원생활을 하고 있었다. 넓은 마당이 딸린 이층집으로 방은 모두 네 개였다. 그중 하나는 손님방으로 꾸며져 있었는데, 나 말고 누가 오는 것 같지는 않았다. 방의 가구는 싱글 침대와 3단 콘솔 하나, 독서등이 전부였고, 통유리로 된 테라스가 있었다. 내가 갈 때마다 손님방의 침대 시트는 새것이었고 그 위에는 잠옷이 정갈히 개어져 있었다. 잠옷들은 언제나 적당한 두께감과 소재로, 몸에 맞춘 듯 편안했다. 나는 테라스에 앉아 무릎에 고양이를 올려두고 시간을 보냈다. 귀와 앞발만 까맣고 나머지는 하얀 얼룩 고양이였다. 이모 내외가 어쩌다가 고양이를 키우게 되었는지는 알 수 없었다. 고양이를 키우기 위해 상의하는 둘의 모습은 도저히 상상이 되지 않았다.

나는 결혼을 할 뻔한 남자를 그 집에 데려간 적도 있었다. 그때 나는 임신을 한 상태였고, 서로의 집에는 알리지 않은 채로 결혼을 서두르고 있었다. 남자의 차를 타고 이모네로 가는 동안 우리는 조금 싸웠다. 도착 무렵엔 서로 한마디도 하지 않는 상태였다. 이모 내외는 바비큐를 할 수 있도록 정원에 그릴을 설치하고 있었다. 남자는 마당에 들어서면서 깍듯이 인사를 하고, 이모부를 도와 접이식 탁자를 펴고 파라솔을 설치했다. 나는 그 장면을 거실에 앉아 창을 통해서 바라보았다. 2층에서 조용히 내려온 고양이가 다리 사이를 돌아다니며 비볐다.

그날 저녁, 이모는 내게 자꾸 술을 권했고 남자가 나 대신 모든 술잔을 받았다. 남자는 금세 취했다. 그는 이모부의 부축을 받아 겨우 실내로 들어올 수 있었다. 그는 소파에 앉자마자 잠들었고, 이모는 내게 과일을 깎아주었다. 우리는 잠든 그를 내버려둔 채 TV를 보며 과일을 먹었다. TV에선 다큐멘터리가 방영되고 있었다. 다큐멘터리가 끝나고, 이모부는 그를 다시 손님방으로 옮겼다. 손님방의 침대 아래엔 이불이 깔려 있었다. 이모부가 남자를 이불에 눕히고 방을 나갈 때 고양이가 들어왔다. 고양이는 남자가 누워 있는 이불 근처를 어슬렁거리다 자리를 잡고 앉았다. 그때 여전히 잠에 취해 있는 남자가 손을 뻗어 고양이를 집어 들고는 던져버렸다. 순식간에 일어난 일이었다. 고양이는 처음 듣는 목소리로 울부

짖었고, 나도 비명을 질렀다. 내가 비명을 지르는 통에 남자가 깨어났고, 이모와 이모부가 달려왔다. 우리는 고양이를 안고 바로 차에 올라탔고, 24시 동물병원을 찾아다녔다. 일주일 뒤 고양이는 다리에 붕대를 감고 집으로 돌아왔다. 그리고 그때부터 다리를 조금씩 절었다. 무슨 일이 벌어졌는지 모르는 남자는 내게 몇 번이나 사과를 했지만, 우리는 결국 잘 안 됐다. 그는 낙태 비용의 절반을 보내주었다.

이모 내외는 화재로 세상을 떠났다. 외따로 떨어진 집이라 신고가 늦었다고 했다. 부부는 각각 다른 방에서 숨진 채 발견됐다. 나는 화재가 나기 바로 일주일 전에 그 집을 방문했다. 전원주택 인테리어에 관한 기사를 쓰게 되어, 이모의 집을 섭외한 것이다. 나는 포토그래퍼와 함께 집을 방문했다. 그는 전경과 내부를 카메라에 담았다. 그가 손님방은 워낙 좁고 가구도 별로 없으니 빼자고 했지만 나는 그 방을 꼭 넣어야 한다고 우겼다. 침대에는 언제나처럼 잠옷이 올려져 있었다. 이모 내외는 그에게 우리의 사진을 찍어주지 않겠느냐고 했다. 그는 그렇게 했고 그게 이모 내외가 남긴 마지막 선물이었다.

나는 경찰에게 혹시 고양이가 발견되지 않았느냐고 물었다. 그는 몇 번이나 조사했지만 동물 사체는 나오지 않았다고 전해주었다. 나는 그 뒤로 그 집을 찾아가 고양이의 이름을 불러보았다. 그때마다 주변은 너무나 고요했고, 무서워진 나는 황급히 다시 차에 올라타 도시로 돌아오곤 했다.

화재 사건 이후, 나는 옛날 생각을 자주 하는 사람이 되었다. 변하지 않는 과거의 사건들만이 의미를 가지는 것처럼 느껴졌다. 대학원생과 헤어지면서 나는 잡지사를 그만두었다. 하지만 무엇을 시작해야 할지 알 수는 없었다. 자주 그녀가 생각났다. 나는 무언가를 시작한다는 것에 얼마

만큼의 용기가 필요한지 가늠했다.

나는 많은 전시를 찾아다니며 시간을 보냈다. 가깝게는 서울에서부터 멀게는 해남까지 아무 데나 갔다. 시간은 아무렇게나 흘러갔다. 나는 미래를 계속 흘려보내며 과거의 몇몇 공란에 대해 생각했다. 나는 과천에서 열린 전시를 찾았다. 삼십 대 중반의 남자 사진작가의 전시였다. 낯익은 이름이었다. 나는 그의 프로필 사진을 한참 들여다보았고, 그를 기억해낼 수 있었다. 그는 여름휴가를 떠나기 전 헤어졌던 사진 동아리 선배였다. 나는 과거의 공란 하나를 채울 수 있다는 기대감으로 전시를 보러 갔다. 그는 나를 알아보지 못했다. 너무 멀리에 있었고 많은 사람들에게 둘러싸여 있었다. 나는 1관부터 천천히 걷기 시작했다. 조명은 대체로 어둑했다. 몇몇 사진은 아예 좁은 암실로 들어가 손전등을 쥔 채로 봐야만 했다. 암실에 전시된 사진은 전체를 볼 수 없었다. 오직 손전등이 비추는 곳만을 볼 수 있었다. 나는 원래 하나인 사진을 부분들로 봐야만 했고, 그곳을 나와서야 숲 속에서 촬영된 가족사진이라는 것을 알 수 있었다.

전시회를 나올 때 누군가 내 이름을 불렀다. 선배였다.

선배는 이제 예전만큼 근육이 많지는 않았다. 그저 탄탄함이 느껴질 정도였다. 그는 데드리프트를 하다가 한쪽 다리를 다쳤다고 말하며 웃었다. 작년엔 결혼을 했다고 말했다. 그는 내 카메라에 대해 기억하고 있었다.

이모부가 준 거라고 잘 들고 다녔잖아. 정작 찍지도 않으면서.

내가 잘 들고 다녔어?

아마 그걸로 나도 몇 번 찍어줬을걸.

기억이 나지 않으므로 나는 할 말이 없었고, 이제는 잃어버렸다고 답했다. 그는 내게 재차 사과했다. 나는 왜 그러느냐고 물었다.

왜, 우리 휴가 가기 전에 내가 다른 과 여자애랑 사귀게 되었잖아. 그때 사과하려고 너희 집 앞에 몇 번이나 찾아갔는데. 미안해서 가끔 생각이 났어.

나는 그와 헤어진 이유를 듣고 놀랐다. 여태까지는 내가 그의 성향과 맞지 않았기 때문에 헤어진 거라고 기억하고 있었기 때문이다. 우리는 이제는 만나지 않는 사람들의 근황을 추측하며 낮을 보냈다. 그는 휴대폰에 있는 부인의 사진을 보여주었다. 낯선 얼굴이었다. 나는 그의 휴대폰에 내 사진이 있었을지도 모른다는 생각을 잠시 했다. 하지만 아니었다. 그가 나와 헤어지고 만났던 다른 과 여자애도 아니었고, 아주 다른 누군가였다. 모든 시간들이 무언가를 누락시키고 은폐하는 방향으로 흘러가는 것만 같았다. 나는 그에게 그녀에 대해 물었다. 그는 놀랍게도 얼마 전, 전시 관련으로 장소를 찾다가 그녀를 만났다고 했다. 나는 그녀에게 연락할 방법이 있는지 물었다.

*

그녀는 땀을 뻘뻘 흘리며 도착했다. 유행이 지난 카고 바지를 입고 무언가가 잔뜩 든 배낭을 멘 차림이었다. 여전했다. 그녀는 이 근처에 작업실을 얻었다고 했다. 그녀는 매운탕을 주문했고, 그러면서 이곳이 정말 아름답지 않느냐고 물었다. 어느새 하늘은 어둑했고, 가로등 불빛이 물결에 분할되어 반사되고 있었다.

우리 낚시하러 갔던 것 기억 나? 나는 그녀에게 물었다. 그때 우리가 잡았던 물고기 이름이 뭐야? 그녀의 시선은 호수에 붙잡혀 있었다. 그녀가 천천히 내게로 고개를 돌렸다. 그녀는 대답하는 대신 우리가 친해지게 된 계기에 대해 말해주었다. 그녀의 말에 따르면 그때 우리는 동아리 전시 준비를 함께 했다고 한다. 그건 나도 기억이 난다.

그녀와 나는 동아리 신입이라는 이유로 전시회장 섭외와 선배들의 작품 수거를 맡았다. 선배들은 좀처럼 기한 내에 작품을 제출하지 않았고, 우리는 그들을 일일이 찾아다녀야 했다. 그 와중에 그녀가 작품 하나를 떨어뜨렸고, 그 선배가 그녀에게 소리를 질렀다고 한다. 그녀가 연신 사과하는데도 선배는 인신공격이 섞인 말을 그치지 않았다. 그녀는 그날 밤 집에 돌아가, 그녀가 이 학교에 들어오며 포기한 것들에 대해 생각했다고 한다. 안정된 직장과 가정, 그 모든 것들을. 다음 날 그녀는 나를 만났고, 가방 안에는 자퇴서를 넣은 채였다. 그녀는 내게 안정된 직장과 가정, 그리고 육아의 무의미에 대해 발작적으로 토로했다. 다 듣고 나서 내가 그녀에게 말했다고 한다.

그렇게 사는 사람도 있겠죠.

순간 그녀는 자신은 그저 그렇게 살고 있을 뿐이라는 생각을 했고, 어쩐지 안도했다고 한다.

그래서 내가 널 쫓아다녔어. 너는 늘 그렇게 말했어. 그렇게 사는 사람도 있다고.

그녀는 세 번째 전시회를 열 예정이라고 했다. 샘플을 몇 개 가져왔다며 그녀가 건넨 종이는 실종 전단이었다. 빨간 글씨로 '실종자를 찾습니다'라고 적혀 있었다. 그녀가 건넨 실종 전단 중 몇 개에는 내 얼굴이 들어 있었다. 사진 속의 나는 찍히는 줄도 모르고 있었다. 머리 길이로 보아 꽤 오래전이 분명했다. 그녀는 우리가 낚시를 갔을 때의 사진이라고 했다. 그리고 그때가 자신의 인생에서 손꼽을 만큼 좋았던 순간 중 하나라고 했다.

그녀의 어머니는 우울증을 앓고 있었다. 일상생활이 힘들어서 병원에 입원한 상태였다고 한다. 그녀는 방학이 되자마자 어머니를 잠시 집에 데려왔다고 한다. 어머니는 그녀를 향해 자주 웃었고, 얼마 뒤 그녀의 방에서 자살했다. 나는 단출한 그녀의 방을 떠올렸다. 어머니의 상을 치르고, 그녀는 내게 전화했다. 나는 그녀에게 또 말했다고 한다.

방학인데 휴가는 다녀왔어요?

그녀는 즉흥적으로 내게 낚시를 가자고 말했다. 그날 그녀가 버스 정류장에 들고 온 카메라는 내게 빌린 펜탁스였다. 그녀는 카메라를 여행을 마치고 헤어질 때 주어야겠다고 마음먹었다. 나는 그녀가 미리 예약한 숙소를 보고 실망한 눈치였다. 아마 그녀가 생각한 것이 맞을 것이다. 나는 그래도 저녁엔 고기 정도는 구워서 놀 수 있는 곳을 상상했기 때문이다. 그녀는 무얼 해야 할지 몰라서 일찍 잠들었다 깼다고 한다. 해도 뜨기 전에, 그녀는 배를 예약했다. 그리고 등대 근처에 앉아 어둠 속에서 바다를 향해 사진을 찍었다. 바다에 뛰어들고 싶은 마음을 잡으며 숙소로 돌아왔고, 나를 깨웠다.

바다는 아름다웠다. 그녀는 뱃머리에 앉아 해가 뜨는 것을 보았다. 나는 배허리쯤에서 낚시에 여념이 없었다. 그녀는 그런 내 모습을 찍었다. 내가 잡은 물고기를 찍었다. 해변을 찍었다. 그리고 내게 카메라를 돌려주는 걸 깜빡했고, 이번에 이사를 하다 발견했다고 한다.

내가 카메라를 왜 빌려줬어요?

그녀는 기억이 안 나느냐고 되물었다. 이모 내외가 돌아가신 직후에 나는 그녀를 만난 적이 있었다. 그때 내가 카메라를 주었다고 한다.

왜요?

카메라를 보는 게 너무 힘들다고 했어. 해석할 수가 없다고. 뭘 해석할 수 없는지는 말하지 않았어.

어쨌든 그녀는 이번에 이사를 하며 발견한 펜탁스 카메라에 필름이 들어 있다는 것을 깨달았다. 그녀는 미술 학원으로 출근하며 인화를 맡겼다. 며칠 뒤 찾은 인화지에는 잊고 살던 사람들과 풍경이 가득했다. 그녀는 갑자기 자신의 모든 것들이 실종되었다는 것을 깨달았다고 한다. 버릴 수 없던 것들, 그것 때문에 잠 이루지 못한 날들, 그리고 새로 학교에 입학하게 된 열정. 그러면서 버려야 했던 모든 것들. 그녀는 세 번째 전시의 주제를 정했다. 주제는 실종이었다.

그녀는 다시 한 번 실종 전단을 들었다. 그러고는 검지로 내 사진을 짚었다.

너를 정말 찾고 싶었어. 살아가면서 그렇게 열정적이었던 때가 없는 것 같아.

나는 순간, 그녀의 몸에서 제일 아름다운 부분이 아마 손가락이 아닐까, 하고 생각했다. 식당 아줌마는 뒤늦게 매운탕을 내왔다. 김이 쉴 새 없이 올랐다. 그녀의 얼굴이 김 때문에 자꾸 가려져서 나는 눈을 깜빡였다.

나는 실종된 시절들에 대해 생각했다. 나는 내가 살아온 일생에 대해서도 잘 모르고 있었다. 갑자기 슬퍼졌다. 지금의 공기와 지금의 그녀와 지금의 매운탕들, 그리고 나 자신도 모두 사라져버릴 것이다.

나는 이미 실종되어버린 듯한 기분이었다. 문득 고개를 돌려 호수를 바라보니, 이미 어두워진 물결이 출렁이고 있었다. 어디선가 이름을 알 수 없는 새가 울었고, 가로등이 깜빡, 하며 켜졌다. 그러자 수면에 내 얼굴이 떠올랐다.

백운호수의 수면을 바라보며, 나는 수면 아래 잠긴 것들을 한참이나 궁금해했다. 그녀의 세 번째 전시를 꼭 보러 가겠다고, 나는 대답했다.

가장 마지막에 이동한 야구공

소년은 졸다 깨었다. 가족끼리 외식을 하던 날이 생각났는데, 왠지는 모르겠다. 아버지는 고교 야구 선출이었고, 야구광이었다. 소년은 아버지에게서 야구를 통해 모든 걸 사랑하는 법을 배웠다. 가족 소풍 장소는 항상 야구장이었고, 외식을 하고 나면 소년의 가족은 실내 야구장에 들렀다. 가족 중 공을 제일 잘 맞추는 건 어머니였다. 제일 멀리 보내는 건 아버지였다. 그들은 자주, 많이 웃었다.

소년은 갑자기 밀려드는 기억들에 정신을 차릴 수가 없었다. 어린 시절, 열이 내리지 않던 밤이 떠올랐고, 그 밤 내내 어머니와 공을 주고받았던 기억이 떠올랐다. 정말 긴 밤이었다고, 소년은 생각했다. 기르던 강아지가 죽었을 때 소년은 열 살이었다. 아버지는 소년에게 강아지가 많이 아프기 때문에 병원에 입원시켰다고 거짓말을 했다. 그러고는 개집을 치워버렸다. 부패를 몰랐던 소년에게 죽음은 영구 보존되는 것이었다. 소년은 기어코 강아지가 묻힌 곳을 알아내어 파냈다. 온갖 구더기가 기어 나왔다. 소년은 더 이상 강아지라고 부를 수 없는 그것을 던지고 집으로 달음질쳤다.

그러다 문득 이곳이 장례식장이라는 것을 깨달았다. 새벽 공기가 서늘해선지 보일러를 틀어놓아 바닥이 뜨끈했다. 야구팀 형들은 식탁 사이사이에 널브러져 있었다. 소년은 형들이 정장을 입은 모습을 처음 보았다.

심지어 창단 멤버였던 B형이 결혼할 때도 아무도 정장을 입지 않았다. 소년은 멀리서 영정 사진을 다시 한 번 바라보았다. 사진 속 인물은 풀밭을 배경으로 엄지를 치켜 올리고 웃고 있었다. 영정 사진 아래에서 그의 가족들이 자고 있었고, 영정 사진 앞에는 야구공이 놓여 있었다. 소년은 야구공을 바라보았다. 그러자 야구공이 살짝 구른 것 같은 착각이 들었다. 소년은 주방에서 마른 편육 하나를 집어 먹었다.

발인까지는 아직 두 시간가량 남아 있었다.

*

소년의 야구팀은 그해 처음으로 유성우를 보았다. 그해에 소년이 처음 겪은 일들은 그것만이 아니었다. 소년은 처음으로 취업 시험을 보았고, 처음으로 야구 시합에서 전패했다. 그리고 처음으로 여자애와 잤다.

소년은 아버지의 차를 타고 야구 시합을 하러 다녔다. 소년은 도시에서 도시로 이동할 때 표지판을 꼼꼼히 살폈다. 늘 가는 길인데도 그랬다. 그리고 가끔은 소리 내어 지명을 한 글자씩 읊었다. 그건 소년의 오랜 습관이었다. 소년은 자신이 알 수 없는 어딘가로 이동해버릴까 봐 불안에 시달렸다. 친구들과 이야기해보아도 해결되지 않았다. 아마도 근원적인 불안이어서 원인을 찾을 수가 없는 것 같았다.

야구팀 형들이 하나둘 취업을 하고 결혼을 하고 아기를 낳으면서 팀은 늘 전력 부족에 시달렸다. 소년도 마지막 방학을 앞두고 있었다. 아마 별다른 일이 없다면 그 길을 따라가게 될 것이었다. 방학 전, 누군가가 소년에게 유성우가 떨어질 것이라고 말해주었다. 소년은 기사를 찾아보았다.

유성우가 떨어지던 날, 소년은 페르세우스가 어디에 있는지 몰라 나침반을 보았다. 휴대폰에는 하늘의 지도가 펼쳐져 있었다. 소년은 길을 걷다 자신처럼 하늘의 지도를 보고 걷는 소녀와 마주쳤다. 소녀는 어두운 곳을 찾고 있다고 말했다.

둘은 어두운 거리 중 가장 밝은 편의점에 들어갔다. 소녀는 긴 밤을 지새우려면 커피가 필요하다고 말했다. 소년은 밝은 곳에서 소녀의 얼굴을 잘 기억해두었다. 커피를 산 후에 그들은 동네에 있는 학교로 갔다. 알고 보니 그들은 둘 다 그 학교의 졸업생이었다. 둘은 같은 선생님을 좋아했는데, 한 번씩 그들의 담임을 맡은 적이 있는 사람이었다. 소년에겐 3학년 때의, 소녀에겐 5학년 때의 담임선생님이었다. 그들은 선생님의 말투를 따라할 수 있었다.

소녀는 소년보다 어렸지만 일찍 학교를 졸업하고 회사에 다니고 있었다. 소녀는 한때 중국으로 유학을 간 남자 친구를 사귄 적이 있었고, 그 때문에 중국어를 배웠다고 말했다. 소녀는 소년에게 몇 마디 중국어를 알려주었다. 중국어의 성조가 특이해서 그 말들은 소년의 마음에 깊이와 박혔다. 소년은 그날 밤 유성을 단 한 개도 보지 못했고, 소녀는 두 개를 보았다. 소녀의 말에 따르면 그 두 개조차 소원을 빌 수 없을 정도로 빨리 소멸했다고 한다. 소녀는 유성을 발견할 때마다 소년의 어깨를 치며 소리를 질렀지만, 소년이 시선을 옮겼을 때는 이미 사라진 뒤였다.

소년은 야구 연습에 소녀를 데리고 다녔다. 소년은 소녀를 사랑할 때도 야구를 이용할 수밖에 없었다. 소녀에게 캐치볼을 알려주었고, 야구 룰을 알려주고, 야구장에 함께 갔다. 소녀는 소년이 응원하는 야구팀을 함께 응원했다. 소년은 자신이 좋아하는 선수의 사인볼을 받아 소녀에게 선물했다.

소년은 소녀와 함께한 밤, 이렇게 이야기했다. 누구도 자신의 삶에 이렇게 가까이 들어온 적이 없었고, 이런 느낌이 나쁘지 않다고. 그리고 아마 소녀를 사랑하는 것 같다고 말했다. 그 말을 하며 소년은 자신의 몸이 심장 그 자체가 된 것처럼 느꼈다. 그건 소년이 누구에게도 한 적이 없는 이야기였고, 매우 진부한 말들이었다. 소년은 문득 세상의 모든 진부한 것들은 사실 되풀이될 만한 가치를 지닌 것들일 거라고 생각했다. 소녀는 다행히 그 말을 듣고 웃었다. 그리고 더욱 세게 껴안아주었다.

소녀는 소년의 병실에 찾아왔다. 그 말을 했던 밤처럼 소년을 껴안고는 그의 손에 야구공을 쥐여주었다. 소년은 손끝에 모든 힘을 집중했고, 투수처럼 공을 쥐었다. 공에 소년의 손금이 새겨질 것만 같았다.

*

영구차는 매우 빨리 달렸다. 술래잡기라도 하듯이 뒤따르는 차들을 모두 따돌렸다. 영구차를 따르던 차들은 내비게이션을 켜야 했다. 용인에는 큰 놀이동산이 있었지만 소년은 그곳을 지나쳐 화장터에 도착했다. 소녀와 놀이동산에 가보지 못했다는 데에 생각이 미쳤다. 소년은 놀이동산에서 바이킹을 제일 좋아했다. 바이킹은 아무 데도 가지 않는 배였다. 그저 조금 멀리로 움직이다가 몇 분 뒤면 제자리에 멈춰 섰다. 소년은 아무 데도 가고 싶지 않았다.

'평온의 숲'이라는 간판 사이로 해가 쏟아지고 있었다. 내리쬐는 햇빛 탓에 모든 게 비현실적이었다. 나뭇잎의 녹색조차도 작위적인 것처럼 느껴졌다. 소년은 이런 날에도 누군가는 죽는구나, 라고 생각했다. 야구팀 형들이 관을 들었다. 직원은 관을 레일이 달린 기계 위에 올려놓으라고 했다. 관 속에 누군가가 있다는 생각은 들지 않았다. 형들이 그 관을 너무나도 가벼이 들었기 때문인지, 관과 기계가 어울리지 않았기 때문인지 알 수는 없었다.

어쨌든 관은 무사히 레일 위에 올려졌고, 평온의 숲 담당자는 그것을 밀고 작은 방의 뒤쪽으로 들어갔다. 들어가면서 그들에게 작은 방으로 들어가라고 일렀다. 방 안에는 유리막이 있었다. 관은 유리 안쪽에 놓였고, 소년과 일행은 유리 바깥에 있었다. 그게 마지막 인사였다. 유리 안쪽의 블라인드가 내려가는 순간 아버지가 크게 이름을 불렀다.

모두 2층으로 이동했다.

아래쪽에서 관이 타고 있다는 게 이상했다. 여기엔 다들 살아 있는 사람들뿐이다. 유족들은 단지를 정하고 돌아왔다. 그러고는 운 사람들을 위해 음료수를 배급했다. 일행은 울면서 음료수를 마셨다. 소년은 마시지 않았다. 소년은 살아 있는 것들만이 울고, 무언가를 마실 수 있다고 생각했다. 소년은 금방이라도 같이 유니폼으로 갈아입고 캐치볼을 해야 할 것만 같았다. 화장은 두 시간 정도 소요된다고 했다. 누군가가 생각보다 오래 걸리네, 라고 중얼거렸다. 그러자 또 누군가가 대답했다.

살아온 인생에 비해서는 짧은 시간이지.

소년은 동의했다.

유골은 믹서기로밖에 표현할 방법이 없는 것에 갈렸다. 죽음 이후에는 많은 기계들이 필요하구나, 소년은 다시 생각했다. 그들은 다시 이동해야 했다. 끊임없이 이동하는 것이 어쩌면 살아 있다는 의미일지도 모른다, 라고 소년은 또 생각했다. 이제 아주 작은 단지가 남았고, 더 이상 필요 없어진 영구차는 병원으로 혹은 차고지로 돌아갔다. 그들은 메모리얼파크로 가야 했다. 소년은 사전에서 메모리얼파크를 검색해보았다. 소년은 그것을 기억공원, 혹은 기념공원이라는 낭만적인 단어로 생각했지만, 그것의 뜻은 묘지였다. 영어와 한국어 사이로 움직이는 동안 그것은 굉장히 구체적인 단어로 변했다. 잠시 구름에 해가 가려 흐려지더니, 앞 유리에 비가 몇 방울 뿌렸다. 다시 쨍하고 맑아졌다. 그러고 보니 소년은 누가 운전하고 있는 차를 타고 있는 건지도 몰랐다.

메모리얼파크는 소풍을 와도 될 만큼 풍경이 좋았다. 가을이 시작되고 있어서 나무는 여러 색으로 물들어 있었다. 한 묘지에는 유명한 이가 묻혀 있는지 꽃과 그림이 가득했다. 소년은 그곳이 마음에 들었다. 메모리얼파크의 직원은 유족들 앞에서 꾸벅 인사를 하고는 벽에 붙은 작은 문을 열었다. 벽에는 꼭 단지만큼의 공간이 있었다. 소년은 뒤쪽에서 그 모든 것을 지켜보았다. 야구팀 형들이 서 있는 것을 보았다. 그들은 양복바지 사이로 두 손을 내려 꾹 움켜쥐고 있었다. 공간에 단지를 묻고, 직원은 얇은 판의 댔다. 그리고 못을 박았다. 단지는 영원히 그곳에 갇혔다. 가족들은 단지를 두고, 자기들끼리 돌아갈 것이다. 소년은 그렇게 생각했다.

밤새 열이 내리지 않던 기나긴 밤처럼, 모든 사물이 멀어 보였다. 이제 남은 이 많은 시간들을 어떻게 보내야 할지 도저히 감이 잡히지 않았다. 소년과 처음으로 잤던 소녀가 울고 있었다. 자신과는 놀이공원에 한 번도 가지 않았고, 같은 선생님을 좋아했으며, 같은 밤 유성우를 보았던 그 소녀다. 소년은 온 힘을 다해 눈물을 이동시키려고 노력했다. 하지만 잘 되지 않았다. 소년의 왼손에는 언제부턴가 야구공이 쥐여져 있었다. 그러나 사라질 것이다. 소년의 몸이 사라지고 팔이 사라지고 손금이 사라진 것처럼, 이제 야구공의 차례였다. 소년은 공을 멀리, 던졌다.

유재영
지혜의 숲
지지향(紙之鄉)

지혜의 숲

원영이 지혜의 숲을 찾은 건 3학년 2학기 기말고사가 끝난 직후였다. 지혜의 숲은 학교에서 마을버스를 타면 삼십 분도 채 걸리지 않는 거리에 있었다. 원영은 돌려주지 못한 책 한 권을 가방에서 꺼내 표지를 손바닥으로 쓸어내렸다. 버스가 출판단지로 들어서면서부터는 제목의 볼록한 부분을 검지로 여러 번 매만졌다. 어떤 방식으로든 용기를 얻고 싶었다.

지혜의 숲이 열리기를 손꼽아 기다린 때도 있었다. 그렇지만 그곳이 개관하고 열 달이 넘도록 가지 않았다. 기회가 없었던 것은 아니었다. 그동안 원영이 한 일은 그 기회를 부지런히 지우는 일이었다. 도서부 활동도 그만두었고 개관 직후 학급 단위의 체험 학습이 있을 때에도 핑계를 대고 다른 반 아이들 몇몇과 함께 학교를 지켰다. 우두커니 교실에 앉아 시간이 흐르길 기다렸다. 점심시간이 지나 체험 학습을 다녀온 아이들이 교실 문을 밀고 하나둘 들어설 때, 저마다의 무리 끝에 오랫동안 눈길을 주었다. 그 끝에 지혜가 있을 것 같았다. 그러니까 원영이 지혜의 숲에 가길 주저하게 된 건 지혜 때문이었다.

작년 봄, 도서실의 책장과 책장 사이에서 지혜는 원영에게 말했다.

"가까운 곳에 책으로 가득 찬 숲이 생길 거래."

원영은 희미해진 것들 가운데 지혜가 그곳을 묘사한 첫 문장을 정확히 기억했다. 책으로 가득 찬 숲. 지혜는 어깨 위로 손을 뻗어 맨 위 칸에 꽂힌 책들의 등을 건드리며 말했다. 먼지가 햇빛 아래로 부서져 내렸다. 지혜는 그곳에 대해 크고 작은 소식을 들을 때마다 원영에게 들려주었다. 3년은 긴 시간이었고 언덕 위에서 고도를 기다린 폴란드 사람들처럼 지혜에게도 무언가가 필요했다.

도서실에 가면 항상 지혜가 있었다. 조회 후 이십 분 동안의 쉬는 시간에도, 급식이 끝난 점심시간에도, 수업을 모두 마친 이후에도 지혜는 책장 사이에 머물렀다.

"무슨 책 읽어?"

원영이 항상 처음으로 건네는 말이었다.

"끝없는 이야기."

"끝없이 이어지는 거야?"

"응. 모험이 끝나지 않고 계속되는 거야."

원영은 지혜가 보여준 책 제목을 기억하지 못했다. 대신 지혜의 작은 입술과 희미한 미소만이 오래도록 기억에 남았다. 교실에서는 한 번도 본 적 없는 표정이었다.

원영은 도서실에서 지혜를 만날 때마다 먼저 주변을 살피곤 했다. 반 아이들이 지혜를 보며 수군거릴 때면 동의도, 부정도 하지 않았다. 할 수 없었다. 소란스러운 교실 안에서도 지혜의 주변에는 늘 고요가 깃들었다. 처음부터 당연하게 그 자리에 있었던 책상처럼, 의자처럼 혹은 아무도 펼쳐보지 않는 책처럼 지혜가 있었다. 시간이 흐르면서 더는 지혜를 보고 묘한 표정을 짓거나, 귓속말하는 아이들도 사라졌다. 지혜는 풍경이 되었다. 풍경에게 말을 걸 사람은 없었다.

"습관은 원래 이성을 무디게 하거든."

지혜가 불쑥 알 수 없는 말을 늘어놓으며 시선을 내리깔면 원영도 괜스레 짜증이 치밀곤 했다. 함께 도서실을 나서도 먼저 걸음을 옮기는 건 언제나 원영이었다. 도서실 입구에서는 늘 걸음이 빨라졌다. 곧 뒤쪽에서 들리던 익숙한 발소리와 조금씩 멀어질 수 있었다. 어쩌다 원영이 도서실 책장 앞에 먼저 도착한 날에는(그런 날은 거의 없었지만) 그 소리에 좀 더 귀 기울일 수 있었다. 원영이 구분할 수 있는 단 하나의 발소리였다. 시간이 지날수록 원영은 원래 속해 있던 그룹의 아이들과 이어진 끈이 완전히 끊어지지 않을까, 걱정이 됐다. 뒤늦게 무리에 합류하면 곁눈질로 아이들을 살폈다. 저들끼리 귓속말을 하며 자신을 쳐다보는 순간이 오지 않을까 염려했고, 자신이 둘 중 하나를 선택해야 하는 때가 오지 않기를 바랐다. 한 가지 확실한 건 그때 원영은 지혜와 함께 지혜의 숲을 기다렸다는 사실이다.

"저렇게 높은 데 있는 책은 어떻게 꺼내는 걸까?"

"책장 위를 걸어 다니는 사람이 있어서 위쪽 책은 꺼내주면 좋겠다."

완공을 여섯 달여 앞두고 지혜의 숲 내부 사진이 몇 장인가 공개되었을 때, 원영과 지혜는 사진 속에서 천장 끝까지 뻗어 있는 책장에 감탄하며 말했다.

버스에서 내린 원영은 수업 시간의 복도만큼 인적이 드문 길을 걸었다. 폭이 좁은 다리 밑으로 바람이 부는 방향에 따라 수풀이 강물처럼 몸을 뉘었다. 다리를 건너자 푯말이 나왔다. 진회색 빛깔의 건물로 들어선 원영은 두꺼운 유리문을 열고 안으로 들어갔다. 그렇게 두꺼운 문은 본 적이 없었다. 본 적이 없었으니, 연 적도 없었다. 문 뒤가 지혜의 숲 3관이었다. 그곳에는 책장 아닌 벽이 없었다. 까마득히 높은 천장까지 책장이 뻗어 있었다. 원영은 바닥에서 천장까지 고개를 주억거리며 책장의 다단을 세다가 곧 그만두었다. 노란 빛깔의 조명은 그늘진 부분이 생기지 않을 만큼 고르게 내려앉아 있었다. 원영은 까치발을 들기도 하고 책장에서 멀리 떨어져 걷기도 하며 더 많은 칸을 보기 위해 노력했다. 원영은 주의 깊게 발을 내디디며 책장 구석구석을 살폈다.

지혜가 전학을 가게 되었다고 말했을 때 원영은 놀라지 않았다. 지혜의 말에 따르면 지혜의 아빠는 외교관이었는데 먼 나라로 발령을 받으면서 가족이 함께 이사를 갈 수밖에 없게 되었다는 것이었다. 지혜는 원영에게 책을 한 권 빌려주었다. 나중에 만나면 돌려달라는 말을 덧붙였다. 다음 날, 반 아이들에게 지혜가 전학을 가게 된 진짜 이유를 전해 들었다. 아이들은 그럴 줄 알았다는 듯 한마디씩 말을 보탰다. 그러고는 슬쩍 원영의 눈치를 보았다.

전학을 간 이후로 지혜는 한 달에 한두 통씩 원영에게 메일을 보냈다. 낯선 나라, 낯선 도시의 명칭이 적힌 메일이었다. 지혜는 그곳에서 본 신기한 일들을 전했다. 원영은 답장하지 않았다. 계절이 두 번 바뀌고 나자 지혜의 메일도 끊겼다. 그 뒤 지혜에게 전화가 한 번 왔지만 받지 않았다. 그즈음 지혜의 숲이 개관했다는 뉴스가 나왔다. 원영은 지혜에 관한 소식을 딱 한 번 더 들었는데 그 이야기를 이상한 소설의 한 구절처럼 생각하기 위해 오랫동안 노력했다. 지혜가 전학을 간 학교에서 자퇴했고 얼마 지나지 않아 이웃한 도시에서 뛰어내렸다는 내용이었다. 모험이 끝나고 풍경은 사라졌다. 원영은 네 번의 시험을 치르는 동안 지혜의 숲은 물론이고 학교 도서실도 가지 않았다.

지혜의 숲 3관에서 2관으로 향하는 ㄱ자 코너를 돌 때, 원영은 책장 위에서 낯익은 발소리를 들었다. 소리가 나는 쪽을 올려다봤다. 일정한 간격을 두고 책장 윗부분이 미세하게 내려앉는 게 보였다. 먼지가 조명 안으로 떨어져 내렸다. 소리는 하나의 꼭짓점에서 또 다른 꼭짓점으로 이동했다. 원영은 책장을 손가락으로 짚어가며 걸었다. 코너를 돌자 긴 통로가 나왔고 통로 끝 테이블에 교복을 입은 여자아이가 앉아 책을 읽고 있었다. 원영은 그 풍경을 기억했다.

"무슨 책 읽어?"

수없이 건넨 인사말이었다. 뭐 읽어? 어떤 책이야? 재미있어? 그 책 내가 먼저 읽으면 안 돼?

"저기 있던 책."

지혜는 오른편 책장 위를 가리켰다.

"끝없는 이야기?"

"응."

원영은 손에 들고 있던 책을 지혜에게 건넸다. 오랜 시간 돌려주지 못한 책이었다. 지혜는 원영이 수없이 매만졌던 부분을 쓸어내리고는 책을 테이블 위에 올려놓았다. 양손으로 동그랗게 말아 쥔 책을 눈가에 붙였다. 원영과 지혜는 종종 그 자세로 학교 도서실의 창문을 열고 빈 운동장과 노을이 지는 하늘을 바라봤다. 그렇게 하면 작고 연한 것들을 또렷하게 볼 수 있었다. 푸르고 선명한 빛을 지닌 세상이 손바닥과 손가락 마디의 볼록한 부분 저편에 있었다. 원영도 지혜를 따라 책을 말아 쥐었다. 지혜의 숲에 끝없이 펼쳐진 책들을 봤다. 시간이 물처럼 흘렀고, 젖은 복도를 따라 누군가 걸어오는 것이 보였다.

지지향(紙之鄕)

출판사 대표 계정으로 투고된 원고는 분야를 막론하고 모두 원영의 담당이었다. 원영은 투고 원고의 대강을 파악하여 고려할 가치가 있는 것과 없는 것으로 분류했다. 고려할 가치가 있다고 판단하면 두서없이 읽어나갔고 그렇지 않은 원고는 다시 열어보지 않았다. 대개는 첫 번째 분류에서 고려 대상이 되지 못하고 사라졌다. 처음과 중간과 끝이라는 기본 골조도 갖추지 못한 원고가 대부분이었다. 결말을 짓지 못한 계몽소설이나 일기 수준의 무규칙 에세이도 흔했다. 교정과 교열 상태는 말할 것도 없거니와 기본적인 맞춤법도 지키지 못한 경우가 부지기수였다. 원영은 매주 금요일 저녁이면 투고자들에게 회신을 보냈다. 이때만큼은 표준 양식을 활용했다. 옥고를 면밀히 검토한 결과 본사의 편집 방향과 맞지 않는다고 판단하였습니다. 다음 기회에 더 좋은 인연으로 이어지길 기대합니다. 선생님의 건승을 기원합니다. 편집부 이원영 드림.

원영은 마지막 남은 원고를 두고 처리 방안을 고심했다. 일반적인 투고 방식이었다면 원고의 개선 방향을 기재해 재투고를 권유할 수 있었을 것이다. 하지만 그 원고는 메일함이 아니라 서류 봉투에 담겨 있었고, 연락처라고는 원고 끝에 적혀 있던 070으로 시작하는 번호가 전부였다. 원영이 이 정체불명의 원고를 받은 건 지난 월요일 아침이었다. 출근했을 때 책상 위에 놓인 봉투를 확인했다. 소인도, 발신인도 없이 봉투에는 '편집부 이원영 씨 앞'이라는 글귀만 남아 있었다.

2년가량 서유럽을 다닌 여행기였다. 여행자는 삼십 대 남자로 추정됐다. 특기할 만한 점이 있다면, 여행 방식이었다. 그는 카우치서퍼였다. 카우치서핑은 이미 작년 여름부터 올여름까지 크고 작은 출판사에서 경쟁적으로 출간한 아이템 중 하나라 원영 역시 익숙했다. 시장 반응은 그다지 좋지 않았다. 체류비를 거의 들이지 않고 이국 도시에서 현지인과 함께 생활한다는 낯선 방식이 사람들의 호기심을 건드렸지만, 통념과 다른 방식은 한두 번으로 충분했다.

그럼에도 그 여행기에는 뭔가 특별한 점이 있었다. 원영은 그 지점을 짚기 위해 원고를 좀 더 꼼꼼히 읽어야 했다. 거듭 반복해서 읽고 나서야 비로소 발견할 수 있었다. 그의 여행기에는 일반적인 여행서가 미덕이라고 착각하는 바깥의 시선이 없었다. 여행서의 필자들은 끊임없이 도시를 평가하고 낭만을 소환하는 마법을 부리곤 했다. 어디를 가든 자신이 떠나온 곳과 비교하고 판단하는 일은 자기 삶에 거는 최면과 같다고 원영은 생각했다. 그들은 매번 '지금 여기'를 호출하면서도 정작 자신은 그곳에 있지 못했다. 해외에 나가면 모두 애국자가 된다는 섬뜩한 예언이 여지없이 들어맞았다. 그의 여행기는 자기계발서처럼 젠체하거나 에세이처럼 감상에 빠지지 않았다. 그저 자신이 속한 현지의 모습이 고스란히 드러났다. 원영은 그 점이 마음에 들었다. 게인즈버러의 풍경화 같았다. 어떤 대목은 문장도 우수했다. 요컨대 너와 나를 우리로 말하지 않고 거기를 여기로 끌어들이지 않아서 좋았다. 여행지와 집주인에 대한 세밀하고 담담한 묘사가 이어졌다. 관찰하는 자의 자리를 드러내지 않는 시점도 이색적이었다.

그럼에도 불구하고 확신이 들지 않았던 이유는 맥락의 문제였다. 도시와 도시 사이에 궤적이 없었다. 베를린에서의 화자와 부다페스트에서의 화자가 완전히 다른 사람 같았다. 물리적·정서적 이동 경로가 희박했다.

어디서 어떻게 이 도시로 왔으며 왜 떠났는지가 부재했다. 원고와 함께 인쇄된 사진 몇 장도 구도나 색감에 통일성이 없었다. 쿠르베의 그림이 나왔다가 피카소의 그림이 등장한 정도의 차이에 가까웠다. 그림과는 달리 한 권의 책에는 맥락이 필요했다.

원영은 원고를 덮고 다시 처음부터 생각해보려 했다. 저자가 한 명이 아닐지도 모른다는 가정을 한 건 그때였다. 특정 여행 그룹이 있고 내부에서 공모를 통해 선발한 다수의 원고를 취합해 보낸 것이라면. 그것이 아니고서야 불가능한 일이 아닐까. 원고에서 자신의 신상을 이 정도로 지울 수 있다는 것도 능력이라면 능력이었다. 책을 내고자 하는 사람이 자신을 드러내지 않는다는 건 어떤 맥락일까. 원영은 점점 투고자에게 관심이 쏠렸다. 그 관심은 실체를 알고 싶다는 쪽으로 기울었다. 다시 한 번 봉투 겉면을 살피던 중에 안쪽에서 미처 발견하지 못했던 사진 한 장이 떨어졌다. 폴라로이드 사진이었는데, 프레임 가득 소파만이 담겨 있었다. 다른 사물은 허용하지 않겠다는 듯 오로지 소파뿐이었다. 사진 아래쪽 흰 여백에 도시명과 날짜가 적혀 있었다. 그것이 분절되었던 맥락을 이어주고 불분명하던 행간을 엮어냈다. 원영은 한 손에 폴라로이드 사진을 들고 다른 손으로 번호를 눌렀다. 늦지 않았기를 바랐다.

원영은 약속 장소에 삼십 분 정도 일찍 도착해 원고를 살폈다. 자신이 주목한 부분에 포스트잇을 붙여두고 몇 가지 질의 사안은 노트에 적어두었다. 사진은 흰색 편지 봉투에 담아 테이블 위에 올려두었다. 원영은 자신이 기록한 메모에 맥락이란 단어가 여러 번 등장하는 것을 확인하고 몇 개를 지웠다. 제현은 정시에 나타났다. 10월에 입기에는 얇다 싶은 군청색 와이셔츠에 베이지색 면바지를 입고 아디다스 조깅화를 신고 있었다. 표식이나 이니셜이 없는 회색 야구 모자를 눌러쓴 제현은 원영과 눈이 마주치자 살짝 고개를 숙였다.

"다 적었다고 생각했는데요."

프로필을 알 수 없어서 어떤 모습일지 궁금했다는 원영의 말에 제현은 테이블 위에 있는 원고 뭉치를 내려다보며 답했다.

"그런가요? 제가 놓친 부분이 있었던 모양이에요."

"아닙니다. 분명히 빼먹은 게 있을 거라고 생각했어요. 이런 일은 도무지 처음이라."

"이전에 책을 출간하신 경험은 없으신가요?"

"그게 문제가 되나요?"

"아니요. 그렇지는 않습니다만, 보내주신 원고가 여러 번 문장을 써본 분의 솜씨라서요. 투고를 결심한 계기 같은 게 있으신가요? 주변에서 어떤 제안을 받았다거나."

"제안이라면, 맞기도 하고 아니기도 한 것 같네요. 한국으로 오는 비행기 안에서 기내에 비치된 잡지를 읽다가 그런 생각을 했거든요. 책이야말로 시간의 흐름을 증명할 수 있는 유일한 매체가 아닐까. 카우치서핑이랑 비슷하다는 생각도 들더군요. 그렇다면 이곳에서는 소파 대신 책을 붙들어보자고 결심했던 겁니다."

"그 잡지가 대단한 역할을 했네요."

"정확히는 그 잡지 안에 실린 글 덕분이었어요. '지혜의 숲'이라는 제목의 글이었습니다."

저자로서 원영은 자신의 첫 독자를 만난 것이었다. 그 잡지가 어떻게 비행기에 실리게 되었는지는 알 수 없었다. 지역 문화재단에서 발행하는 격월간지로, 지역 문화유산을 소재로 한 짧은 글을 청탁받아 쓴 것이었다.

"귀국 후 숙소를 이곳으로 택한 것도 그 때문이었습니다. 실제로 저 조형물이 있다는 걸 알고 놀랐고요."

제현은 알록달록한 철골의 소년을 가리키며 말했다. '쾰른 파고다'라는 이름의 조형물이었다. 원영은 반사적으로 몸을 틀어 조형물을 바라보았다. 소년이 피라미드 모양 구조물 위에 걸터앉아 길게 뻗은 도서관의 한 쪽 방향을 망원경으로 내다보고 있었다.

"그날 정말로 그 친구를 만났나요?"

이번에는 제현이 원영에게 물었다.

"그런 셈이죠."

제현은 고개를 끄덕이며 원영의 말을 기다렸다. 원영은 원고 겉면을 여러 번 쓸어내린 뒤 말을 이어나갔다. 제현이 기대했던 이야기는 아니었다.

"카우치서핑은 어떻게 시작하게 되신 건가요? 원고의 서두와 결말 부분이 잘린 거 같더라고요. 왜 여행을 시작했는지, 어떤 이유로 카우치서핑을 계획하게 되었는지, 그리고 언제, 어떻게 돌아왔는지가 전혀 없어서요."

"무엇이 여행의 시작인지 정확히 모르겠더군요. 여행의 시작과 끝을 정한다는 게 좀 부적절한 일 같기도 하고……. 저는 여행을 끝낼 수 없는 사람이니까요. 그래도 편집자님을 만나면 어디서부터건 설명을 해봐야겠다는 생각은 했습니다."

원영은 여행을 끝낼 수 없다는 그의 선언을 흥미롭게 들었다. 그 말을 할 때 제현의 표정은 '지금 여기' 있는 것 같지 않았다.

"여행의 시작 말인가요?"

"그보다는 첫 번째 카우치서핑에 대해서요."

제현은 종이컵을 들고 우유 거품을 향해 천천히 입김을 불었다. 거품이 컵의 맞은편으로 물러섰다. 그는 커피를 마시지 않고 그대로 테이블 위에 두었다. 종이컵의 테두리로 거품이 움직였다. 원영은 제현의 뒤편으로 끊임없이 이어지는 서가를 바라보며 그의 말을 기다렸다. 제현이 입을 열었다.

처음부터 카우치서핑을 할 생각은 아니었다. 제현은 카우치서퍼라면 누구나 가입한다는 웹사이트에는 접속조차 한 적이 없었다. 배낭을 메고 런던에 도착한 제현이 제일 먼저 향한 곳은 런던 킹스크로스 거리에 있는 한 호스텔이었다. 그는 그곳에 열흘간 체류한 뒤 에든버러로 향했다. 런던에서 에든버러행을 택한 건 8인실 도미토리에서 만난 미국인 남자의 추천 때문이었다. 그 미국인 남자, 제이슨 에드웰은 브로드웨이에서 뮤지컬을 공부하며 단역배우 생활을 한다고 했다. 에든버러 프린지 페스티벌 기간 내내 그곳에 머물렀다는 그는 환상적이라거나 아름답다는 표현을 반복했는데, 처음에는 극을 공부하는 학생으로서 공연 페스티벌에 갖는 관심 정도라고 생각했다. 하지만 제이슨이 말한 열광의 핵심은 제현의 예상과 달랐다. 그는 축제가 끝난 뒤에 차분하게 가라앉은 도시의 분위기가 몹시 좋았다고 했다. 잿빛의 도시 경관이며 번진 듯한 밤거리의 불빛에 대해 이야기했다. 그러고는 자신의 아이폰을 꺼내 몇 장인가 사진을 보여줬다. 여러 명이 달라붙어 그가 찍은 사진을 보았다. 제현도 그들 중 하나였다. 제이슨의 말이 끝난 뒤에 같은 방을 쓰던 이들이 하나둘 자신이 거쳐온 여행지에 대한 평가를 내리는 식으로 말을 이어갔지만, 제현의 호기심을 자극한 도시는 에든버러뿐이었다. 제현은 이튿날 정오에 기차표를 끊었고 그날 저녁 킹스크로스 역으로 가서 에든버러행 야간열차를 탔다. 애초에 구체적인 여행 계획이 없었으므로 행선지를 정하는 데 거리낄 것은 없었다.

밤 열한 시에 출발한 열차는 오전 여섯 시에 도착할 예정이었다. 제현의 자리는 두 명이 복층 침대를 나눠 쓰는 침대칸이었다. 제현이 객실 안으로 들어섰을 때 금발 머리를 반듯하게 하나로 묶은 젊은 남자가 커다란 가방을 침대 아래로 밀어 넣고 있었다. 남자가 먼저 제현에게 악수를 청했다. 그의 이름은 샘이었다. 샘은 제현이 여행 중이라는 걸 짐작했고 (당시 제현의 행색을 본다면 누구나 알아챌 수 있었을 것이다), 행선지와 여행 계획에 대해 물었다. 아무 계획도 없는 것이 계획이라는 제현의 말에 그는 숙소를 정했는지 물었다. 제현은 추천해줄 만한 호스텔이 있느냐고 되물었다. 샘은 에든버러에서는 호스텔에 묵어본 적이 없다고 답했다. 열차가 출발했다. 제현은 2층으로 올라가 엎드린 채 창에 맺히는 야경을 지켜보았다. 열차가 도심을 빠져나올 때쯤 샘이 고개를 옆으로 내밀고 제현이 자고 있는지 확인했다. 제현의 시선을 확인한 샘은 카우치서핑을 해볼 생각이 있느냐고 물었다. 제현이 눈을 가늘게 뜨고 무슨 의미냐고 되묻자, 샘은 자신의 집에 소파가 하나 있는데 거기에서 지내볼 생각이 있느냐는 뜻이라고 설명했다.

샘의 집은 에든버러 프린세스 거리 끝에 있는 4층 주택의 2층이었다. 건물 외곽은 옛 저택의 느낌이 풍겼지만, 건축 연차가 10년도 안 된 신축 건물에 속했다. 침실과 거실 겸 부엌, 그리고 화장실이 각각 한 칸씩 있는 단출한 집이었다. 수수한 가구만큼이나 샘은 평범한 스코틀랜드 남자였다. 그는 얼마 전부터 런던에 사는 여대생과 교제 중이라서, 한 달에 한두 번 그곳을 오간다고 했다(그 얘기를 듣고 제현은 얼마간 마음이 편해졌다. 그의 호의에 뭔가 다른 의도가 있을지도 모른다고 생각했기 때문이다). 주말이면 인근 펍에서 스코틀랜드 프리미어리그 중계를 보고(샘은 셀틱 FC와 스콧 브라운의 팬으로 옷장에는 그의 유니폼도 있었다), 낮에는 일을 하고(웨이벌리 역 근처에 있는 고루한 인테리어의 서점 매대를 관리했다), 저녁은 퇴근길에 사 온 스콘과 샌드위치로 간단히 해결한 뒤 자기 전까지 맥주나 커피를 마시며 글을 썼다. 샘은 누구나 즐길 수 있는 판타지 소설을 쓰고 있다고 했다. 샘의 우상은 조앤 K. 롤링이었다. 제현은 롤링이 해리포터 시리즈를 쓴 곳이 에든버러라는 걸 샘을 통해 알게 되었다. 시내에는 롤링이 이용했다는 카페와 레스토랑이 즐비했고 작품에 등장하는 인물이나 명칭을 딴 시설물도 많았다. 덤블도어 다리, 호그와트 베이커리, 해리포터 거리, 9와 4분의 3 펍, 헤르미온느 서점. 5킬로미터 정도 떨어진 곳에 롤링의 이름을 딴 성도 있지. 진짜 그녀의 성이니까. 낮 동안 마주한 롤링의 흔적을 이야기했을 때, 샘은 제현이 보지 못한 몇 가지를 곁들였다. 빵과 땅콩버터, 양상추, 그리고 오렌지 주스로 저녁 식사를 마치고 제현은 거실 소파로, 샘은 침실로 들어가 각자 시간을 보냈다. 제현은 샘이 일하는 서점에서 구입한 책을 읽었고 샘은 워드프로세서 창을 열고 천천히 문장을 연결했다. 첫날에는 잠을 설쳤지만, 둘째 날에는 소파의 쿠션과 감촉에 어느 정도 익숙해졌고, 셋째 날부터는 도미토리에서보다 길고 깊게 잘 수 있었다. 수면뿐 아니라 생활 전반이 만족스러웠다. 소파에 앉아 아침 햇살을 받고 책을 읽고 샘과 이야기를 나누는 일이 좋았다. 런던에서는 알지 못했던 어떤 감각—지금 여기에 있다—을 느꼈던 것이다. 제현은 소파에서의 생활에 곧 익숙해졌다. 샘을 따라 펍에서 맥주를 마시거나 그가 일하는 서점에 들를 때도 있었다. 샘의 퇴근 시간이 늦어지면 대신 빵을 구입하거나 세탁물을 챙기기도 했다. 가게 주인들은 제현의 이름을 부르기보다는 샘의 친구, 혹은 샘이라고 칭하며 제현이 주문한 물건을 건넸다.

그들은 일요일 밤이면 프린세스 거리를 산책했다. 인적은 드물었고 밤공기는 차가웠다. 제현은 샘보다 반걸음 정도 느리게 걸으면서 샘의 옆모습을 바라보곤 했다. 샘은 이 도시와 거리의 일부처럼 느껴지기도 했고 반대쪽 대륙에서 온 여행자같이 낯설어 보일 때도 있었다. 가끔 샘은 어떤 물건—티슈 혹은 머플러 따위였다—을 찾기 위해 집 안 이곳저곳을 들쑤시곤 했는데, 결국 그 물건을 찾는 쪽은 제현이었다. 길을 잘못 들어 산책 시간이 무한정 길어진 일도 몇 번이나 있었다. 샘 자신이 쓰고 있는 소설에 대해 말한 날도 그들은 애초 계획과는 다른 진로로 걷고 있었다. 덤블도어 다리만 세 번 왕복했다. 한층 서늘해진 날씨에 샘은 팔짱을 끼고 고개를 약간 앞으로 숙인 채 이야기가 전개되는 과정을 설명했다. 제현이 이해하기에는 판타지보다 스릴러에 가까운 이야기였다. 그러한 감상을 전하자 샘은 긍정도 부정도 하지 않고 계속 반걸음 앞서 걸었다.

샘이 사라진 건 제현이 그의 집에 머문 지 한 달이 되어갈 무렵이었다. 제현은 밤 늦게까지 샘을 기다리며 소파에서 책을 읽었다. 그동안 샘이 자정을 넘어 귀가한 적은 한 차례도 없었기 때문에 자정이 넘자 그에게 전화를 걸었다. 직감적으로 뭔가 이상하다는 느낌이 들었다. 세 번의 통화 연결음이 들린 후 제현은 자세를 고쳐 앉았다. 익숙한 벨 소리가 샘의 침대 위에서 울렸던 것이다. 전화를 끊고 샘의 휴대폰을 확인했다. 낮 동안 부재중 전화가 한 통 와 있었다. 등록된 연락처는 아니었다. 제현은 휴대폰을 침대 위에 두고 부엌 쪽 창문을 통해 한동안 프린세스 거리를 내다보았다. 어둑한 골목으로 차츰 안개가 내려앉았다. 제현은 거실 조명을 끄고 소파에 누웠다가 다시 일어나 샘의 침실로 갔다. 그가 글을 쓸 때 이용하는 스탠드를 켜고 문을 반쯤 열어두고 나왔다. 소파에 누워 빛이 뻗어 나온 바닥과 벽의 이음새를 쳐다보다 잠이 들었다.

다음 날 오전에 전화벨이 울렸다. 샘의 휴대폰으로 걸려온 전화였다. 전화 속 남자는 샘을 찾았고 제현이 사정을 설명했다. 샘은 부재중이고 나는 그의 집에 있다. 메시지를 남기면 샘이 돌아오는 대로 전해주겠다. 잠깐의 정적이 지나고 수화기 저편에선 책장을 넘기는 소리가 들렸다. 당신은 샘의 친구인가, 아니면 납치범인가. 서점 주인 하산의 목소리였다. 그는 일흔이 넘은 알제리계 이민자로, 그가 쓰는 독특한 억양을 제현은 기억하고 있었다. 제현은 샘의 행방에 대해 자신이 알고 있는 걸 덧붙여 말했다. 사라졌다는 것을 정확히 표현하기 위해 증발이나 없음을 뜻하는 낱말을 사용했다. 하산은 인내심을 갖고 제현의 말이 끝나기를 기다린 뒤에 서점 일을 도와줄 수 있는지 물었다. 계산대만 지키면 된다네. 다른 일은 시키지도 않겠네. 책을 훔쳐 가는 놈들이 있어도 자네는 계산대를 지켜. 어때? 할 만하지 않겠나? 제현은 하산의 제안을 거절하지 않았다. 서점으로 가 여섯 시간 동안 스물두 권의 책을 계산했다. 가게 문을 닫을 때까지 수상한 인물은 나타나지 않았다. 샘에게는 연락이 왔나? 매장 열쇠를 호주머니에 넣으며 하산이 물었다. 아니요. 메시지를 남겨놓긴 했는데. 제현이 고개를 저으며 답했다.

제현은 다음 날도 서점에 갔다. 샘이 출근하던 시간을 그대로 따랐다. 제현이 나타나자 하산이 반갑게 맞았다. 그다음 날도, 그다음 날도 샘은 나타나지 않았고 제현은 서점으로 출근했다. 제현은 계산대만 지키지 않고 매장을 정리하거나 신간을 분류하는 일도 했다. 행동이 다소 굼뜨고 가끔 실수도 했지만, 그때마다 하산이 제현을 도왔다. 샘도 처음에는 실수를 했지. 하산은 대수로울 거 없다는 듯 잘못을 바로잡고 자신의 자리로 돌아갔다.

토요일 밤에는 펍으로 갔다. 샘을 대신해 스콧 브라운의 유니폼을 입고 셀틱의 경기를 봤다. 몇몇 사람들이 제현을 알아보고 샘은 오지 않았느냐고 물었다. 제현은 사라졌다는 말 대신에 그가 여행을 떠났다고 했다. 그들은 고개를 끄덕이곤 곧 셀틱의 응원가를 따라 불렀다. 제현도 응원가를 흥얼거렸다. 스콧 브라운이 공을 잡으면 샘처럼 손뼉을 치며 환호했다. 손에 들고 있던 맥주가 사방으로 튀었다. 경기가 끝나자 제현은 축축해진 소매를 걷어 올리고 집으로 돌아왔다. 일요일 오전에는 런던에 사는 샘의 애인에게 전화가 왔다. 제현은 샘의 실종 소식을 전했다. 그녀는 제현의 말을 믿을 수 없다는 듯 런던에서 밤 비행기를 타고 찾아왔다. 제현과 마찬가지로 그녀는 샘이 어디로 갔는지, 왜 떠났는지 전혀 감을 못 잡고 있었다. 소파에 나란히 앉아 샘의 행방에 대해 이야기를 나누던 그들은 펍으로 가서 맥주를 마셨다. 당신이 샘을 알아요? 그녀가 제현에게 물었다. 제현이 고개를 끄덕이면, 진짜 샘을 안다고? 당신이? 하고 반문했고 제현이 고개를 숙이면, 이봐요. 샘과 함께 산 건 당신이잖아요. 당신이 모르면 누가 알죠? 하고 따져 물었다. 제현은 말을 줄이고 대신 술잔을 비웠다. 둘은 함께 취했고 샘의 침대에서 하룻밤을 보냈다. 침대 위에서 그녀는 나지막이 샘의 이름을 불렀다. 아침에는 소파에 나란히 앉아 토스트를 먹고 커피를 마셨다. 그녀는 제현에게 헤어지자는 말을 남기고 떠났다. 제현은 그것이 자신에게 한 말인지, 샘에게 한 말인지 분간할 수 없었다.

다음 날부터 제현은 샘의 노트북을 열어 그의 흔적을 찾았다. 기본 소프트웨어를 제외하고 설치된 프로그램은 워드프로세서뿐이었다. 인터넷이 되지 않아 웹 브라우저도 깨끗했다. 최근에 그가 쓰던 글을 찾아 읽었다. 단편 분량이 훌쩍 넘는 소설이었다. 프린세스 거리에서 샘이 읊던 줄거리와는 전혀 다른 내용이었다. 판타지도 스릴러도 아닌 무색무취의 드라마였다. 젊은 남자가 여행 중에 겪는 일들을 담담하게 서술한 글이었다. 재미는 없었지만 계속 읽게 하는 이상한 힘이 있었다. '그날 밤 남자는 그 도시를 떠나기로 마음먹었다. 그러자 도시가 먼저 남자를 떠났다.' 샘이 쓴 마지막 단락이었다. 제현은 그 마지막 문장이 샘의 실종과 무관하지 않다고 생각했다. 커서를 끝에 두고 마지막 단락을 되풀이해서 읽었다. 키보드 위에 얹혀 있던 제현의 손이 부드럽게 움직였다. 문장이 끊긴 부분에 몇 개의 단어를, 그다음에는 몇 개의 문장을 써넣었다. 영어로 문장을 만들어내는 일이 쉽지는 않았지만, 아주 조금씩 쓸 수 있었다. 어느 날은 한 문장을 썼고 어느 날은 세 문단을 썼다. 소설 속 인물도 조금씩 앞으로 나아갔다.

제현은 노트북을 소파로 가지고 와 작업을 이어나갔다. 자정이 되기 전에 누웠다. 샘의 침실 스탠드 불빛은 여전히 바닥과 벽의 경계를 가리켰다. 샘이 사라지고 보름이 지나자 더 이상 그의 안부를 묻는 사람은 없었다. 사람들은 제현을 친숙하게 대했다. 하산과 펍의 주인, 그리고 손님들은 제현을 샘이라고 불렀다. 샘! 이것 좀 계산해줘. 샘! 여기 맥주 나왔네. 샘! 오늘 경기는 어떻게 될 거 같아? 스콧 브라운이 결장이라던데. 제현은 그 호명이 그다지 거슬리지 않았고 이내 그것이 당연한 일처럼 여겨졌다. 스콧 브라운의 결장에도 셀틱은 승점을 따냈다.

그렇게 혼자 지낸 지 한 달이 지났을 무렵이었다. 휴일 낮에 집으로 손님이 찾아왔다. 그의 등 뒤에는 커다란 배낭이 매달려 있었다. 그는 샘의 이름을 댔다. 이곳의 소파를 빌려 쓰기로 약속하고 멀리 캐나다에서 왔다고 자신을 소개했다. 제현은 남자를 어떻게 대해야 할지 잠시 고민했다. 이곳의 원래 주인은 사라져버렸고 그 대신 자신이 남아 있는 것이라고 설명했다. 남자는 영문을 모르겠다는 표정으로 웃었다. 소파만 있으면 아무런 문제가 되지 않을 거라고 말했다. 제현은 벽에서 손을 떼고 현관문을 열었다. 그에게 소파를 내주었다. 멋진 소파군요. 남자가 그 위에 가방을 내려놓으며 말했다. 제현은 냉장고에서 맥주 캔을 꺼내 남자에게 권했다. 그날 밤부터 제현은 침대에서 잤다.

다음 날 서점에서 돌아온 제현을 남자가 맞았다. 그는 낮 동안 만난 월터 스콧의 흔적을 하나하나 열거했다. 에든버러 성과 스콧 기념탑, 그리고 프린세스 거리에 있는 보비 동상. 진짜 마법사는 해리포터가 아니라 월터 스콧이죠. 스콧이 쓴 문장을 봐요. 정말 끝내주는 마법이 거기에 있다고요. 그는 스콧의 책을 쓸어내리며 말했다. 제현은 이 도시에서 그가 보지 못한 것들을 말했다. 남자는 몰스킨에 제현이 불러준 카페와 펍 이름을 적었다. 둘은 부엌에 선 채 샌드위치와 감자튀김을 먹고 남자는 거실 소파로, 제현은 침실로 들어가 각자 저녁 시간을 보냈다. 그는 월터 스콧의 작품을 읽었고 제현은 워드프로세서 창을 열어 문장을 연결했다. 그는 제현과 함께 펍에서 맥주를 마시거나 이따금 제현이 일하는 서점에 들러 시간을 보냈다. 제현의 퇴근이 늦어지면 대신 빵을 구입하거나 세탁물을 챙기기도 했다. 남자는 축구에 흥미가 없다고 말했지만 함께 본 세 번째 경기에서 스콧 브라운이 골을 넣었을 때 테이블을 두드리며 제현보다 크게 환호성을 질렀다.

그들은 매주 일요일 밤 산책을 떠나는 것도 잊지 않았다. 남자가 온 지 한 달째 되던 날, 프린세스 거리를 걷던 제현은 자신이 쓰는 소설의 줄거리를 그에게 전했다. 제현의 설명은 보비 동상에서 덤블도어 다리를 지나는 동안 계속됐다. 그는 제현의 이야기를 듣고 난 뒤 소설의 장르를 새롭게 규정했다. 미스터리였다. 제현은 그의 말을 부정하지도, 긍정하지도 않았다. 다만 이제는 자신이 떠나야 할 차례가 왔다는 걸 알았다. 곧장 집으로 돌아오고 싶었으나 몇 번인가 길을 잃고 헤맸다. 마침내 집에 도착해서는 내내 쓰던 이야기를 황급히 마무리 지었다. 제현은 거실에 불이 꺼진 것을 확인한 뒤 가방을 꾸렸다. 가방은 처음 이 집에 들어섰을 때보다 가벼웠다. 어둑한 골목을 걸어 나오는 동안 누구와도 마주치지 않았다. 웨이벌리 역에서 런던행 야간열차를 탔다.

"그리고 킹스크로스 역에 도착해 곧장 파리로 가는 열차를 탔습니다."

제현은 이야기를 멈추고 지혜의 숲 안을 둘러보고 싶다고 말했다. 원영이 테이블 위의 원고를 정리해 가방에 넣는 동안 제현은 가까운 쪽 서가에 꽂힌 책 등을 살폈다.

원영은 제현보다 반걸음 정도 느리게 걸으면서 그의 옆모습을 지켜봤다. 반걸음 정도 느리게 걸으면서 그의 옆모습을 살폈다. 제현은 낯선 도시에 도착한 여행자 같기도 했고, 이곳 지리에 친숙한 현지인 같기도 했다. 그의 이야기도 원고만큼이나 맥락이 없다고 원영은 생각했다. 무엇보다 샘의 행방이 궁금했다. 샘이 자신의 집에서 도망치듯 떠난 이유는 무엇이었을까. 왜 그곳 사람들은 샘을 그렇게 쉽게 잊었을까. 원영은 맥락을 완성하기 위한 몇 가지 질문을 떠올렸다. 이야기의 결락을 메우고 맥락을 완성하는 일이야말로 편집자의 역할이라고 믿었다.

"어째서 파리였던 거죠?"

원영은 그 모든 결락의 시작점을 찾기 위해 이야기를 맞춰보기로 했다. 재현의 대답은 간결했다.

"킹스크로스 역에 도착했을 때 바로 갈아탈 수 있는 행선지였거든요."

두 사람 사이로 책이 가득 담긴 캐리어가 지나갔다. 제현이 서가 위쪽의 책을 올려다보았다. 원영은 원고의 무게 때문에 자꾸만 흘러내리는 가방끈을 고쳐 멨다. 그리고 제현에게 다가섰다.

"저는 그 친구와 친하지 않았어요. 그냥 지켜보는 쪽이었죠."

제현이 고개를 돌려 원영을 보았다.

"그런데 왜 그 친구에 대해 쓴 거죠?"

"지혜가 누구였는지, 어떤 아이였는지 확인하려고요."

"뭘 확인했나요?"

"아무것도요."

전학을 가고 지혜가 앉았던 자리는 오랫동안 비어 있었다. 아무도 그 자리에 앉으려고 하지 않았다. 지혜는 사라진 뒤에도 텅 빈 풍경으로 남았다. 원영은 그 빈자리가 견딜 수 없었다. 몇 번이고 자리를 옮겨 그곳에 앉으려 했지만 끝내 그럴 수 없었다.

원영과 제현은 3관에서 2관으로 향하는 ㄱ자 코너를 돌았다. 원영은 습관처럼 책장을 손끝으로 쓸며 위편을 보았다. 확인해야 할 것이 있었다.

"샘을 다시 만났나요?"

"그런 셈입니다."

"어디서 그를 만났죠?"

"쾰른이었을 겁니다. 제가 먼저 다가가 인사를 건넸죠. 그도 저를 알아보며 반가워하더군요. 우리는 가까운 펍에 들어가 함께 맥주를 마셨습니다. 그는 쾰른의 카페와 펍에 대해, 거리에 대해 한참 저에게 설명했습니다. 취할 때까지 마구 떠들어댔죠. 그리고 우리는 컴컴한 공원 산책로를 따라 걷다가 각자 소파가 있는 곳으로 떠났습니다."

제현은 원영의 뒤편으로 끝없이 이어진 서가를 바라보며 말했다. 원영은 물어야 할 것이 많았다. 사진 속 소파는 아직 등장하지 않았고 그 아래 적힌 도시와 날짜도 여전히 비어 있었다. 그곳을 채울 이야기를 그에게

서 들어야 했다. 그들은 통로를 따라 1관으로 향했다. 통로 끝 유리문이 열릴 때마다 서늘한 공기와 함께 빛이 한 가닥씩 밀려 들어왔다. 그 곁에 연한 그림자를 남기며 원영은 제현을 따라 걸었다. 다시 제현이 입을 열었다.

이미옥

황금대왕의 찰칵! 순간 기적을 만드는 바다

황금대왕의 찰칵! 순간

"오늘이 8월 15일이지? 어쩌나, 사진을 찍으러 가야 하는데."

할아버지는 창문을 내다보면서 말했습니다. 할아버지의 목소리에는 바람 소리가 섞여 나왔습니다.

"관곡지로 또 연꽃 찍으러 가시게요? 하지만 지금은 딴생각 말고, 빨리 나을 생각만 해요. 자, 약 드세요."

할머니는 할아버지에게 약을 드리면서 할아버지 입가에 침을 닦아주었습니다.

할아버지는 지난주에 갑자기 풍으로 쓰러졌습니다. 매일 아침 논길을 자전거 타고 다녔던 탄탄한 오른쪽 다리와 팔이 바깥으로 비틀어졌습니다. 마치 바람이 잡아당긴 것처럼요. 한 번도 아픈 적이 없었던 할아버지가 환자복을 입고 있으니 순식간에 늙어 보였습니다.

할머니가 화장실에 간 사이 할아버지가 검지를 까딱까딱 흔들어댔습니다. 가까이 오라는 신호입니다.

"네가 대신 황금대왕 사진 좀 찍어줘라."

"황금대왕이 누구예요?"

"연꽃 테마파크의 빅토리아 연꽃에 가면 황금대왕이 살아. 황금 왕관을 쓴 황금개구리가 기다릴 거야."

할아버지는 침대 밑에 있던 카메라를 꺼내주었습니다. 아빠와 나이가 똑같다는, 할아버지의 필름 카메라입니다.

"이 카메라를 들고 가. 그리고 내 자전거를 타고 가거라."

할아버지는 자전거 열쇠도 주었습니다.

"자, 이것도!"

할아버지는 아주 쪼그만 이파리를 지갑에서 꺼내 내밀었습니다.

"이게 뭐예요?"

"개구리밥 초대장이니, 잘 가지고 가거라."

"시원아, 할아버지 주무실 시간이다. 넌 어서 가서 숙제해라."

마침, 손을 씻고 온 할머니가 내게 물방울을 탁탁 튀기며 가라는 손짓을 했습니다.

"그래, 내가 내준 숙제도 꼭 해라. 두 시가 지나면 연꽃이 시드니 서둘러 가거라."

할아버지는 돌아누우면서 말했습니다. 그러고는 금세 코를 고셨습니다. 할아버지 코 고는 소리는 언제 들어도 신기했습니다. 눈을 감자마자 바로 나오니까요.

병원에서 집까지는 한 번에 오는 버스가 있어서 다행입니다. 하지만, 집에서 관곡지까지 가는 버스는 없습니다. 천상, 관곡지에 가려면 할아버지의 자전거를 타는 수밖에는 없습니다. 아니면 아빠, 엄마가 퇴근해서 들어온 저녁때까지 기다려야 합니다.

두 시 전에 가라는 할아버지의 목소리가 기어이 할아버지의 자전거를 끌고 아파트를 나서게 했습니다. 하지만 세 발자국도 못 가서 금세 후회하고 말았습니다.

"헉, 숨도 못 쉴 것 같아."

뜨거운 햇살이 목을 꽉 조여댔습니다.

나는 억지로 페달을 밟았습니다. 의자가 높아 엉덩이가 절로 솟아올랐습니다.

순식간에 자전거가 앞으로 쑥 미끄러지듯 달리더니 시원한 바람이 불어왔습니다. 힘껏 페달을 밟자 더 시원한 바람이 불어왔습니다. 페달의 발이 바람의 발전기를 돌려대는 것 같았습니다.

할아버지가 자전거를 타는 모습만 봤지, 이렇게 혼자서 자전거를 탄 적은 처음입니다. 그리고 늘 창문으로만 봤던 논길을 자전거를 타고 달리는 것도 처음입니다.

"이야~ 아아아아~!"

논길을 달리는데 나도 모르게 소리쳤습니다.

드넓은 호조벌의 푸른 벼들이 나를 향해 박수를 쳐주듯 싸라락 싹싹 소리를 내며 흔들렸습니다. 앞바퀴를 올려 세우면 하늘까지도 날아오를 것처럼 자전거가 가볍게 달려나갔습니다.

'이렇게 신나는 길을 할아버지 혼자서 달렸단 말이야.'

왜 할아버지가 매일 아침에 자전거를 타고 논길을 달렸는지 알 것 같았습니다.

"호조벌은 경기도에서 제법 큰 논이야. 경기도의 푸른 혼이라고 할 수 있지."

할아버지는 논 주인처럼 매일 논으로 출근을 했습니다. 벼들이 주인의 발소리를 들으며 큰다고 했지만, 할아버지의 논은 한 평도 없었습니다.

"시골도 괜찮은 것 같아."

나는 잔디밭같이 싱싱하게 자라나는 푸른 벼들을 보면서 말했습니다.

작년 봄에 이곳으로 이사 올 때는 하늘이 무너지는 것 같았습니다. 오락실은커녕 가까운 곳에 찜질방도 하나 없었습니다.

서울에 살던 우리가 이곳으로 이사 온 것은 다 할머니의 골다공증 때문입니다. 강원도 화천의 깊숙한 산자락에 살았던 할아버지는 골다공증에 걸린 할머니가 병원에 자주 가야 하기 때문에 이사를 결심했습니다. 아빠는 이참에 같이 살자고 했는데, 할아버지는 아파트에서는 절대 살 수 없다고 고집을 피웠습니다.

그래서 매일 '우리가 살고 싶은 집의 조건'에 대해 가족회의를 열었습니다. 엄마는 아파트를 포기할 수 없다고 했고, 아빠는 회사와 가까운 곳에 집이 있었으면 좋겠다고 했습니다. 할아버지는 집 앞은 탁 트여 있어야 하고, 집 뒤에는 산이 있어야 한다고 했습니다. 그런 집은 서울에서는 찾기 힘들었습니다.

'우리가 살고 싶은 집의 조건'의 의견을 모은다는 건 정말 어려운 일이었고, 모두들 고집을 피우는 바람에 쉽게 결론을 내리지 못했습니다.

아빠는 구로에 있는 회사와 가까운 경기도로 집을 보러 다녔고, 할아버지는 경기도에서도 산이 있는 곳을 찾았고, 엄마는 새로 지은 아파트의 분양 광고지를 잔뜩 모으기 시작했습니다.

그래서 이사한 곳이 바로 시흥시 미산동에 있는 우리 아파트입니다. 할아버지가 아파트에 사는 것을 양보했기 때문에 가능한 일이었습니다. 아파트 거실 앞에는 시원하게 탁 트인 넓은 논이 있고, 아파트 뒤에는 솔숲 공원이 있는 산이 있어서 할아버지를 설득할 수 있었습니다.

이사를 오고 나서 한 번인가, 온 가족이 논길을 걸은 적이 있었습니다. 처음으로 물댄 논에 모내기를 하는 걸 봤습니다. 아빠는 자주 나와서 논길을 걷자고 했지만, 아빠는 그때가 처음이자 마지막 산책이었습니다. 아빠는 늘 야근과 출장이 많은 '바쁜 김 차장'입니다. '바쁜 김 차장'은 아빠의 별명이거든요.

나 혼자 자전거를 타고 달리니 왠지 쑥 커버린 느낌이 들었습니다.

나는 다시 입을 크게 벌려 소리를 질렀습니다.

"와아아아~ 으으읍, 푸푸푸퍕, 캬아악 퉤퉤!"

갑자기 하루살이들이 입안으로 쳐들어오는 바람에 가래침까지 뱉어댔습니다.

순간 자전거 핸들이 흔들리더니 논두렁으로 처박힐 뻔했습니다. 나는 브레이크를 잡고는 얼른 자전거에서 내렸습니다.

"빨리 와. 쉬지 말고 어서!"

어디선가 목소리가 들려왔습니다. 먼 곳에서 들리는 목소리 같은데도 아주 또렷하게 들렸습니다. 문득 둘러보니 목소리가 들린 곳에 애드벌룬이 떠 있었습니다.

"맞다. 연꽃 축제를 한다고 했지. 연잎 아이스크림도 팔겠다."

작년에 연꽃 축제에 와서 먹었던 연잎 아이스크림 생각이 났습니다.

나는 연잎 아이스크림을 먹고 싶어서 다시 페달을 밟았습니다. 갑자기 속도가 붙기 시작했습니다. 마치 누군가 내 등을 밀어주는 것 같았습니다.

"이야, 멋지다."

자전거가 연꽃 앞에서 멈춰 섰습니다.

끝없이 이어진 연꽃 바다가 마음을 두근거리게 했습니다. 마치 내가 좋아하는 내 짝 연희 앞에 서 있는 기분입니다.

나는 나도 모르게 카메라를 꺼냈습니다. 연꽃들은 카메라를 부르는 힘이 있는 것 같았습니다. 모두들 카메라나 핸드폰을 들고는 연신 연꽃을 찍어댔습니다.

연꽃과 연잎으로 만든 음식들이 잔칫상처럼 차려진 곳을 지나자, 노래자랑하는 무대가 나타났습니다. 사람들은 어깨를 들썩이며 신 나게 박수를 쳐댔습니다. 유치원에서 온 아이들을 커다란 연꽃들이 내려다보는데, 아이들은 마치 꼬마 요정들 같았습니다.

나는 연잎 아이스크림을 먹으면서, 빅토리아 연꽃이 있는 곳으로 갔습니다.

"어? 있다, 있어! 황금개구리!"

가시방석 같은 연잎 위에 황금개구리가 콧구멍을 벌렁거리며, 나를 빤히 올려다보고 있었습니다.

"어서 사진 찍어!"

아까 그 목소리가 다시 들렸습니다.

나는 주변을 둘러봤지만, 나를 쳐다보는 건 황금개구리밖에는 없었습니다.

내가 카메라로 황금개구리를 찰칵! 찍는 순간, 순식간에 모든 것이 조용해졌습니다. 유치원 아이들의 떠드는 소리부터 노래자랑을 하는 음악 소리들까지 감쪽같이 싹, 사라졌습니다. 모든 것이 한 장의 사진처럼 멈춰버린 겁니다.

"왜 이렇게 늦게 왔어!"

황금개구리가 검지를 까딱까딱 흔들어댔습니다.

"가까이 와봐."

나는 그만 아이스크림을 떨어뜨리고 말았습니다.

"야, 늦었어. 얼른 와!"

황금개구리가 입을 쩍쩍 벌리면서 소리쳤습니다.

"나?"

황금개구리가 펄쩍 뛰어오르더니 내 손을 꽉 잡았습니다.

어느새 나는 끈적거리는 황금개구리의 손을 잡고 연잎 위를 펄쩍펄쩍 뛰고 있었습니다. 황금개구리가 말하는 것보다 더 신기한 것은 내가 황금개구리만 하게 작아진 겁니다, 글쎄!

"어딜 이렇게 급하게 가는 거야?"

"너 초대장 받았잖아. 그래서 카메라 메고 온 거 아냐?"

"초대장? 으응, 개구리밥 초대장?"

"그래. 오늘 황금개구리 합창 대회가 열려. 네가 사진 찍어줘."

"왜?"

"할아버지가 찍어준다고 했는데, 지금 아프시잖아."

"우리 할아버지 아픈 걸 어떻게 알아?"

"난 모르는 게 없어."

그러고 보니 할아버지의 카메라도 어느새 작아져 있었습니다. 할아버지가 알면 큰일입니다. 할아버지가 보물처럼 아끼는 건데.

"앗, 차거!"

"멍청하게 딴생각을 하니까 발이 빠지지. 어서 가기나 해."

"넌 뭐야. 왜 자꾸 나한테 명령해?"

"너 나 몰라? 이 왕관 안 보여?"

그제야 황금개구리 머리 위에 쓴 뾰족한 왕관이 보였습니다.

"그럼, 네가 황금대왕?"

"그걸 이제 알았어?"

황금대왕은 뜀박질을 멈췄습니다. 그 바람에 하마터면 또 물에 빠질 뻔했습니다.

"조심해."

내 손을 꼭 잡은 황금개구리가 갑자기 하늘 높이 폴짝! 뛰어 올랐다가,

"가자."

퐁당! 물속으로 들어갔습니다.

"읍!"

숨 막혀 죽을 것 같았는데, 아무렇지도 않았습니다. 물속을 헤엄치는데, 마치 하늘을 나는 기분입니다.

연꽃이 피어 있는 물속은 커다란 기둥 숲처럼 보였습니다. 내가 개구리처럼 작아졌으니, 연꽃 줄기들이 기둥처럼 커 보일 수밖에요. 안개가 낀 숲을 꿈처럼 날아다니는 것 같았습니다.

"다 왔어."

나는 연꽃대왕의 손에 이끌려 물 밖으로 뛰어올랐습니다. 그러고는 아주 커다란 연잎 위로 폴짝 내려앉았습니다.

"이야, 넓다."

이렇게 큰 연잎은 처음 봅니다. 주변에는 키 큰 연꽃들이 둘러쳐 있어

서 여기가 어딘지는 모르겠지만, 나는 운동장만큼 커다란 연잎 위에 앉아 있었습니다.

"황금개구리의 합창 대회에 들어오려면 초대장이 있어야 해."

황금개구리 한 마리가 내 앞을 막아섰습니다.

"개구리밥 초대장, 나 있어."

나는 얼른 주머니에서 할아버지가 준 초대장을 내밀었습니다.

"사진사님, 환영합니다!"

황금개구리가 나를 안아주었습니다. 끈적끈적하게 뽀뽀까지 했단 말입니다!

"사진사가 왔으니 합창 대회를 시작합시다!"

연꽃대왕이 큰 소리로 외쳤습니다.

수십 마리의 황금개구리들이 모두 나를 쳐다보며 깨골깨골 소리를 질러댔습니다. 그 소리에 맞춰 후드득, 툭! 툭! 소나기가 내렸습니다.

굵은 빗방울들이 연잎들을 두들겨대자, 황금개구리들이 한쪽 다리를 높이 들어 올리면서 노래를 부르기 시작했습니다.

"뭐 해? 얼른 사진 찍어."

황금대왕이 나를 툭 쳤습니다.

"그렇지!"

나는 어깨에 멘 카메라 집에서 카메라를 꺼냈습니다.

아주 오래된 할아버지의 카메라로 오랜만에 사진을 찍어봅니다.

전에는 신기해서 할아버지 카메라로 찍었는데, 스마트폰을 사용하고부터는 만지지도 않았습니다. 사진 찍은 것을 미리 볼 수도 없고, 필름을 현상해야 볼 수 있으니 너무 불편했습니다.

하지만 할아버지는 스마트폰뿐만 아니라 디지털 카메라도 쓰지 않았습니다. 사진은 필름을 넣어 카메라로 찍어야 한다는 것이 할아버지의 생각이었으니까요.

나는 황금개구리들이 빗방울 연주에 맞춰 춤을 추며 노래하는 사진을 찍어주었습니다. 연꽃들이 죄다 황금개구리의 합창 대회를 내려다보며 구경했습니다. 멀리 있는 연꽃들은 까치발을 하면서 목을 길게 빼냈습니다.

연꽃들도 황금개구리 합창에 맞춰 줄기를 구부렸다 폈다 하면서 춤을 추었습니다. 황금개구리들이 하도 날뛰며 춤추는 바람에 운동장만 한 연잎이 하마터면 뒤집어질 뻔했습니다.

황금대왕이 나를 확, 잡아당겼습니다.

"자, 이젠 나만 찍어줘."

내 손을 꼭 잡더니, 어디론가 폴짝 뛰어올랐습니다.

"멍청하게 보지만 말고, 얼른 찍어!"

황금대왕이 콧구멍을 벌렁거리며, 나를 빤히 올려다보고 있었습니다.

"하나 둘 셋!"

찰칵, 카메라의 스위치를 누르는 순간, 귓속이 왁자지껄 시끄러워졌습니다.

"어? 여기가 어디지?"

아까 황금개구리를 찍으려고 서 있던 빅토리아 연꽃 앞에 내가 다시 서 있었습니다.

"이상하네."

나는 나도 모르게 주먹을 꼭 쥐자, 파삭 하고 연잎 아이스크림 과자가 부서졌습니다. 아직 내 손에는 연잎 아이스크림이 쥐어져 있었습니다. 내가 연잎 아이스크림을 먹는 순간, 눈앞으로 황금개구리가 뛰어오르더니, 물속으로 퐁당! 들어갔습니다.

"황금대왕!"

황금대왕은 뒤도 안 돌아보고 사라졌습니다.

"할아버지에게 얼른 가서 사진을 현상해달라고 해야겠다. 핸드폰이나 디지털 카메라로 찍었으면 사진을 바로 볼 수 있을 텐데. 내가 얼마나 멋지게 사진을 찍었는지 아무도 모를 거야."

나는 할아버지의 자전거를 다시 타고 집을 향해 페달을 밟았습니다.

"이곳으로 이사 오길 잘했어."

드넓은 호조벌의 푸른 벼들이 일제히 싸라락 싹싹 소리를 내면서 내게 박수를 쳐주었습니다.

황금개구리들도 깨골깨골 노래를 불러주었습니다.

나는 분명히 들었습니다.

"고마워."

황금대왕의 목소리였습니다.

"응, 나도 고마워. 그런데 사진은 어떻게 보내줄까?"

황금개구리들이 하도 시끄럽게 노래를 부르는 바람에 황금대왕의 대답은 듣지 못했습니다. 하지만 할아버지는 분명히 아실 겁니다.

기적을 만드는 바다

하루 종일 아빠를 졸라대도 소용없었다. 아빠 손에서는 하얀 스팀이 슉슉 나오는 다리미가 장갑처럼 붙어 있다. 가만있어도 땀이 절로 떨어지는 이 여름날, 뜨거운 다리미로 다림질하는 아빠는 뭐가 그리 신나는지, 연신 노래를 불러댔다.

"별이 쏟아지는 해변으로 가요, 해변으로 가요~"

"그러니까, 아빠! 해변으로 가자니깐!"

올 여름방학도 휴가는커녕 작년처럼 하루도 쉬지 않고 세탁소에서 일할 아빠를 생각하니 화가 났다.

"한 번쯤 바다를 가도 좋잖아. 세탁소 하루 문 닫아도 안 망해!"

나는 가게 문을 쾅 소리 나게 닫고는 밖으로 뛰쳐나왔다. 답답하게 더운 공기가 확 밀려왔다.

발걸음이 절로 치킨 냄새가 나는 오른쪽을 향했다. 세탁소 옆 치킨 가게에는 성현이 아빠가 열심히 치킨을 튀겨대고 있었다. 우리 아빠처럼 땀을 뚝뚝 흘리고 있었다.

마침, 치킨 가게 문을 쾅 닫고 성현이가 뛰쳐나왔다. 성현이에게 잘 튀겨진 치킨처럼 지글지글 씩씩 소리가 나는 것 같았다.

"왜 화났냐?"

"여태 무 썰다 나왔다. 아, 무슨 여름방학이 이렇게 기냐!"

"너네 가게도 이번 휴가 때 안 쉬지?"

"우리 가게가 쉬는 거 봤어? 조금 있으면 야구 시즌이라 튀김 통이 폭파할 정도로 닭을 튀겨댈 거야."

"너 바다 본 적 있어?"

"바다 같은 강도 한번 못 봤다. 우리 이렇게 억울하게 살아도 되는 거냐!"

가게에서 하루도 쉬지 않고 일을 한 개근상을 준다면 아마도 세탁소와 치킨 가게가 매년 탈 것이다. 그래서 우리 둘은 억울한 마음이 잘 통했다.

무엇보다도 우리에게는 엄마가 없다. 성현이 엄마는 성현이 아빠가 사업에 망하자, 의리 없게 이혼을 했다고 한다. 그리고 우리 엄마는 내가 여섯 살 때 암으로 돌아가셨다.

엄마가 없으니까 우리는 서로의 마음을 잘 이해할 수 있었다. 우리의 마음속에 작은 냉장고가 켜져 있어서 마음 한쪽이 늘 선선하다는 것도.

"까짓거, 우리 바다 보러 가자."

"좋았어. 이왕이면 섬으로 가자."

마음이 하나가 되자, 생각의 힘은 더욱 커졌다.

"나 전부터 오이도라는 섬에 가보고 싶었어."

"오이도?"

"응. 4호선에 오이도역이 있어. 여기가 미아역이니까 갈아타지 않아도 되겠네."

"당장 떠나자."

우리는 더운데도 손을 꼭 잡고 지하철역으로 갔다. 지하철을 타자, 마치 바닷가에 선 것처럼 마음까지 시원해졌다.

우리는 지하철 안에서 사진을 찍었다.

'우리는 지금 오이도로 갑니다. 바다 보고 오겠습니다.'

활짝 웃는 우리 얼굴이 흔들리는 지하철 안에서도 잘 나왔다. 우리 아빠와 성현이 아빠에게 사진과 문자를 보냈다. 지하철의 흔들리는 진동이 두근거리는 마음만큼이나 덜컥거렸다.

"바다에 가면 파도치는 소리를 녹음하자."

"그래. 갈매기 사진도 찍을 거야."

우리들은 한 번도 가본 적이 없는 바다 이야기를 끝도 없이 펼쳐냈다.

"아빠들은 바다의 낭만을 알까?"

"글쎄, 우리 아빠가 바다에 간다는 건 기적일 거야. 아함, 난 졸립다아."

성현이는 어느새 꾸벅꾸벅 졸기 시작했다. 성현이가 내 어깨에 머리를 기대니까 내가 형이 된 기분이 들었다. 형님이 되어서 졸면 안 되는데, 나도 자꾸 눈이 감겼다. 성현이의 머리에 가득 찼던 잠이 내 머리로 옮겨졌나 보다. 우리는 머리를 맞대고 졸기 시작했다.

"헉! 여기가 어디야?"

"이번 정차 역은 수리산입니다."

마침 안내방송이 나왔다.

"수리산이래. 우리 섬으로 가는 거 아니었어?"

"산을 넘어야 바다를 가지. 4호선에 수리산역 있네."

우리는 서로의 어깨 너머로 보이는 창밖 풍경에 자꾸 눈을 돌려댔다. 기적처럼 창밖에 푸른 바다가 펼쳐지는 기대를 하면서.

하지만 끝내, 오이도역에 도착해서도 우리가 바라던 바다는 보이지 않았다. 서울과 마찬가지인 아파트 단지들 때문에 지하철역 이름을 한참 올려다봤다.

"여기가 오이도야?"

물속에 잠수한 것처럼 우리는 아무 말도 할 수 없었다.

'잘 도착했냐?'

아빠에게서 문자가 왔다.

"일단 오이도역에 서서 사진 찍어 보내자."

우리는 억지로 웃으려고 했지만, 햇살 때문인지 자꾸 얼굴이 찡그려졌다.

"저기 안내판 있다. 오이도로 가려면 또 버스를 타고 가야 한대."

우리는 버스를 기다리는 동안 갈매기에게 줄 새우깡을 샀다.

"아저씨, 바다 가죠?"

"오이도 빨간 등대 가려는구나? 어서 타라."

우리는 얼른 버스에 올라탔다.

"오이도에 빨간 등대가 있나 봐. 멋지다."

우리는 잠자느라 끊겼던 바다 이야기를 다시 펼쳐냈다.

"얘들아, 이번 정거장에서 내려라."

운전수 아저씨가 큰 소리로 말하지 않아도 알 것 같았다. 버스에 탔던 사람들이 모두 내렸으니까. 우리는 길을 잘 몰라 사람들을 따라 둑길로 올라갔다.

"촌스럽게 두리번거리지 말자."

우리는 땅만 보고 걸었다. 지금까지 잘 왔는데, 갑자기 무서운 마음이 들었다. 발이 땅속으로 푹푹 꺼져 들어가는 느낌이었다.

"야야야, 고개 좀 들어봐아."

"아, 바바바 바다다아……."

양팔이 절로 옆으로 넓게 펴졌다. 텔레비전에서 본 바다처럼 파란 물결에 하얀 파도가 치는 해변은 아니었지만, 막막하게 넓고 넓은 바다만 봐도 가슴이 탁 트이는 것 같았다.

"이야야아아아호!"

우리는 큰 소리로 힘껏 외쳤다.

야호는 산에서 외치는 거지만, 바다를 처음 본 우리는 바다에게 뭐라 외쳐야 할지 몰랐다. 우리는 서로를 부둥켜안고 둥개둥개 뛰기 시작했다.

하늘에 맞닿은 곳에 바다가 이어졌다. 그건 하늘 도화지 반을 접어 바다 도화지를 나눠준 것 같았다.

성현이는 갑자기 자리에 털썩 주저앉았다.

"나 왜 갑자기 엄마가 보고 싶지?"

성현이는 어쩜, 내 마음과 이렇게 닮았을까? 나도 실은 엄마 생각이 났는데.

"응. 만질 수도, 잡을 수도 없는 엄마 같은 바다다."

우리는 빨간 등대 옆에 나란히 서서 바다를 바라보았다. 기다렸다는 듯 시원한 바람이 불어주었다. 먼먼 해안선 끝에서부터 여기까지 불어온 바람이 바닷소리를 데리고 왔다.

바람 세수를 하듯 나는 바람을 얼굴에 비벼댔다. 괜히 눈물이 날 것 같아서 콧물을 힘껏 들이마셨다.

'뭐 해?'

아빠에게서 문자가 왔다.

우리는 바다 사진을 찍어서 아빠들에게 보내주었다.

우리의 아빠들은 지금까지 꼼짝 없이 작업대에 서서 일을 하고 있을 것이다. 다림질을 하든, 닭을 튀기든 무더운 여름날 하기에는 너무나 힘든 일이다.

"아빠를 억지로라도 데리고 올 걸 그랬나 봐."

성현이도 아빠 생각을 했나 보다. 이번에도 서로 마음이 통했다.

"새우튀김 먹고 싶지 않냐?"

나는 대답 대신 웃으면서 고개를 끄덕거렸다. 우리는 식성까지 통했다.

"너 얼마 있어?"

"나 호주머니에 5,000원 있는데. 넌?"

"어? 지갑이 없네. 아, 맞다. 아까 가게에서 무 썰다 그냥 나왔지."

성현이는 호주머니를 뒤져봤다.

"다 합쳐봐야 1,500원뿐이야."

어쩜, 돈이 없는 것도 이렇게 똑같을까.

"일단 새우깡이나 먹자."

바다를 보면서 갈매기처럼 새우깡을 먹었다. 세상에서 가장 맛있는 소리를 내면서 과자를 먹었다.

"배고파. 조개구이 먹고 싶다."

조개구이 얘기를 하니까, 입에 침이 절로 고였다. 괜히 발걸음이 식당가를 향하고 있었다. 조개구이 냄새가 물씬 풍겨왔다.

'너희가 지금 있는 곳을 사진 찍어 보내줘.'

아빠들이 동시에 우리에게 문자를 보내왔다. 우리는 식당가를 씩씩하게 걸으면서 사진 찍었다. 아빠에게는 우울한 마음을 들키고 싶지 않아서 행복한 척 웃으면서 찍었다.

"야, 다시 빨간 등대로 가자."

이 길을 걸으면서는 더 이상 웃을 수 없을 것 같았다. 우리는 다시 빨간 등대로 갔다.

"어어, 하 하늘 좀 봐."

어느새 주황빛 빨간 구름들이 하늘을 물들이고 있었다. 바다까지도 고스란히 하늘 빛깔이 담겨졌다.

"하나님이 구름 타고 내려오실 것 같아."

붉은 구름 사이로 뻗은 햇살이 하늘에서 바다 위까지 곧게 비쳤다. 그건 처음 바다를 본 것과는 다른, 신비한 느낌이었다.

노을빛 햇살들이 해안선 너머로 지는 해를 따라 바다를 건너가고 있었다. 마치 수천 마리의 햇살 물고기들이 헤엄쳐 가는 것 같았다.

성현이 얼굴도 노을빛에 물들어 반짝거렸다.

"너 또 우냐?"

"아냐."

우리는 있는 힘껏 코를 들이마셨다. 꾸루루룩, 배 속에서 갈매기 소리가 났다.

"진짜 배고프다."

"응. 이럴 때 하늘에서 조개구이가 우두둑 떨어졌으면 좋겠다. 기적처럼!"

"읍!"

누군가 갑자기 우리 뒤를 와락 끌어안더니 입을 꽉 막아버렸다. 소리칠 수 없을 정도로 힘이 센 큰 손이었다.

'살려주세요…….'

소리치고 싶었지만, 무서워서 발버둥도 칠 수 없었다.

"바다는 언제나 기적을 만들어내지."

입을 꽉 막았던 손이 풀렸다.

"아, 아빠!"

아빠들은 우리를 뒤에서 부둥켜 안아주었다.

"가게는요?"

"너희들이 미아역에서 떠난다는 문자 받고 우리도 바로 출발했다."

"정말?"

"응. 우리도 미치도록 바다가 보고 싶었거든."

"오이도는 엄마가 좋아하는 곳이었어. 네가 오이도 간다고 해서 당장 문 닫고 왔지."

아빠는 바다를 향해 엄마 이름을 불렀다. 아주 오랜만에 들어보는 엄마 이름이었다.

"노을에 비친 엄마 얼굴이 얼마나 예뻤는지 알아? 시흥 9경 중 하나가 바로 오이도 낙조야."

아빠는 내 등을 더 힘껏 안아주었다.

"아빠, 이러다가 등이 배에 붙어버리겠어."

성현이는 벌써 아빠랑 저만큼 걸어가고 있었다. 둘은 뭔가 재밌는 얘기를 하는지, 연신 웃고 있었다.

"어서 와. 무한 리필 조개구이집으로 가자."

무한 리필될 것 같은 붉은 구름도 어느새 해를 따라 바다 끝으로 끌려 들어갔다.

"아빠, 다음에 또 오자."

"응. 엄마가 바다를 무척이나 좋아했는데……."

"그래서 만날 해변으로 가요~ 노래만 불렀구나."

마지막 남아 있던 노을이 아빠 얼굴에 잠시 머물다 사라졌다.

우리는 기적 같은 바다가 보이는 곳에서 기적처럼 계속 나오는 조개구이를 먹어댔다. 무엇보다도 아빠가 장갑처럼 늘 끼고 있던 다리미를 내려놓고 집게를 들고 조개를 굽는 것이 기적 같았다.

'그래, 바다는 언제나 기적을 만들어주는구나.'

홍이레
모란
전설

모란

아버지는 장돌뱅이였다. 내 유년의 기억을 되짚어보면 아버지의 첫 모습이 불쑥 튀어나온다. 뿌연 안개 속을 헤치고 갑자기 나타난 멧돼지처럼 아버지는 이른 새벽 덩치 큰 짐을 메고 눅눅한 안개 속으로 사라졌다가 다시 나타났다. 그런 아버지의 모습은 새벽잠을 설친 예닐곱 살 난 앞니 빠진 꾸러기의 뇌와 심장에 가득 차 성장한 후에도 불현듯 그러나 아주 또렷하게 떠오르곤 했다. 아버지는 안개를 헤치고 나갈 때는 커다랗고 단단한 등짐을 지구를 짊어진 듯이 메고 나갔다가 짐을 비운 가벼운 몸으로 돌아와 걸쭉한 술 냄새를 풍기며 양 손에 들고 온 양갱이나 엿 같은 걸 풀어놓았다. 삶은 돼지고기나 곱창을 종이에 말아 오기도 했다.

아버지의 등짐 속에 있는 것들이 무엇이었는지는 정확한 기억이 없다. 축축한 땀에 젖은 겨드랑이와 가슴팍 사이에서 때로는 들기름 같은 고소한 냄새가 침을 꿀꺽 넘어가게 하고 때로는 맵싸한 고추 냄새가 코를 간질이기도 했다. 매번 바뀌던 등짐 속 물건들이 어느 날 비릿한 한 가지 냄새만을 풍기기 시작했는데 그것은 심지어 보따리 속에서 꼼지락거리기까지 했다. 그것이 궁금해서 아버지가 안개를 뚫고 집을 나서는 새벽마다 눈을 부라렸지만 잠은 산등성이를 타고 굴러떨어지는 바윗덩이처럼 무겁고 빠르게 어린 나를 덮쳤다. 아버지의 등짐 속 꿈틀거리는 물건 때문인지 우리 식구는 고기 반찬을 먹고 나와 여동생은 새 옷을 입었다. 아버지의 등짐 속 물건을 미처 깨닫지 못한 어느 날, 앞니 빠진 구멍이 근질근질할 뿐 통 이가 나올 생각을 하지 않던 그 지루한 여름 한 날, 아버지가 교통사고를 당했다. 아버지는 땀을 뻘뻘 흘리며 커다란 등짐을 지고 내 기억 속의 안개 속으로 영원히 사라졌다. 그러자 우리 집은 빛을 잃은 듯 암흑이 채워졌다.

내 이가 새로 나고 바지가 깡충 짧아지도록 엄마는 아랫목에 늘 드러누워 있었다. 나와 여동생은 3년 사이 갈비뼈가 도드라지도록 허약해지고 성격은 거칠어졌다. 하루는 옆집에서 가져다준 빈대떡 한 장을 사이에 두고 나와 동생이 아귀다툼을 벌이며 먹어치우는 걸 한 점 입에 넣어보지도 못하고 누운 채 멀거니 바라보던 엄마가 벌떡 일어났다. 며칠 후 엄마는 아버지가 영원히 닫아버린 것 같았던 안개의 문을 열고 암흑의 집을 빠져나왔다. 새벽빛이 우리 세 사람의 뒤를 봐주었다. 얼마간 차를 타고 얼마간 걸어서 엄마가 데리고 간 곳은 아버지가 사라진 집보다 더 어둡고 좁고 땅속에 반쯤 묻힌 방이었다.

"여기가 진짜 우리 집이다. 느그 아버지가 돈 좀 벌면 여기다 자리를 잡고 장사를 하겠다고 입이 닳도록 이야기했어. 여기가 바로 모란이다."

모란? 머릿속에 커다란 붉은 꽃이 떠올랐지만 땅속에 반이나 파묻힌 컴컴한 방구들에서는 도저히 피어날 것 같지 않은 꽃이었다. 엄마는 밥 한 솥과 된장국 한 냄비를 끓여놓고 새벽에 나갔다가 밤늦게 들어왔다. 밤새 끙끙거리며 잠을 설쳤다. 되는 대로 막노동판을 따라다니던 엄마는 얼마 못 가 다시 자리에 드러누웠다. 주인아주머니가 외출을 하다가 우리 집을 들여다보고는 혀를 끌끌 차며 엄마에게 새끼들 데리고 살려거든 따라나서라고 했다. 엄마는 돌아올 때 누런 봉투에 통닭 한 마리를 사들고 왔다. 기분이 좋아 보였다. 엄마 입에서는 4일장, 9일장이라는 말이 나오고 일산장, 천안장, 이천장이 나왔다. 엄마도 아버지처럼 장돌뱅이가 되었다. 나는 엄마가 무슨 장사를 어떻게 하는지 궁금해서 물어도 엄마는 말을 하지 않았다. 아버지처럼 등짐을 지고 가지 않아도 고기와 떡을 사 오고 새 옷을 사 왔다. 엄마가 4일장, 9일장이라고 말한 것은 다름 아닌 모란 5일장을 두고 하는 말임을 알게 된 나는 10월 9일 한글날, 여동생이 늦잠을 잔 틈에 엄마를 따라간다는 쪽지를 남겨두고 엄마를 몰래 뒤쫓았다. 엄마는 모란고개에서 먼저 나가서 기다리던 주인아주머니를 만났다. 10분쯤 걸어 모란시장에 도착했다.

나는 눈앞에 펼쳐진 신세계에 어지럼증이 났다. 먼저 몇 천 명은 되어 보이는 인파에 압도당했다. 다음으로 눈에 띈 것은 끝없이 늘어선 천막과 울긋불긋한 큰 파라솔들이었다. 입구에 꽃과 모종을 파는 상인들이 몰려 있었다. 누군가 예쁜 꽃이 심어져 있는 화분이 세 개에 천 원이라고 외쳤다. 큰 꽃밭을 옮겨다 놓은 것 같은 화훼전 바로 앞에 리어카 상인이 한복을 입고 현란한 가위질을 하며 엿을 팔고 있었는데 아뿔싸, 그걸 넋 놓고 보다가 엄마와 아주머니를 놓치고 말았다. 내가 울상이 되어 두리번거리자 엿 파는 아저씨가 노르스름한 호박엿 한쪽을 건네주며 엄마 찾아서 사달라고 조르라며 익살스럽게 웃었다. 엿을 입에 넣고 보니 언젠가 아버지가 새벽이슬을 묻히고 돌아와 풀어놓던 그 맛 중의 하나였다. 나는 호박엿을 물고 안쪽으로 걸어 들어갔다.

시장의 안쪽은 파는 물건의 종류별로 상점들을 직렬과 병렬로 연결해 놓은 듯했다. 나는 엄마를 놓친 불안감을 뛰어넘어 미로를 헤매는 것 같은 착각과 흥분에 빠져들었다. 전국에서 몰려온 것이 틀림없는 잡곡들이 희고 누런 자루나 빨간 고무 양동이에 담겨 새 주인을 기다리는 잡곡전을 지나 약초와 옷가지, 신발장을 정신없이 구경했다. 음식을 파는 곳에서 나는 결국 주저앉았다. 엄마를 잊은 지는 한참 되었다. 나는 엄마를 찾아 나선 것이 아니라 시장 구경을 나온 소년에 불과했다. 칼국수며 각종 전과 튀김이며 도토리묵과 곱창구이 등 이렇게 다양하고 맛있는 음식들이 모여 있을 수 있다는 게 신기할 정도였다. 어느 곳이나 발길에 채일

만큼 사람이 많았다. 나는 정신을 바짝 차리고 유난히 줄이 길게 선 곳에서 아주 맛있는 냄새가 나는 걸 감지하고 고양이 새끼처럼 인파를 뚫고 들어갔다. 뚱뚱한 아저씨가 큰 가마솥을 걸어놓고 닭을 통째로 튀겨내고 있었다. 한쪽에서는 아주머니가 커다란 가위로 튀겨진 닭을 듬성듬성 잘라 포장을 해서 팔았는데 그걸 사 가려고 줄이 길게 늘어선 거였다. 나는 쭈그려 앉은 채 통닭을 자르는 아주머니 가까이 기어들었다. 얼마나 그렇게 앉아서 침을 넘기고 있었을까 흘낏흘낏 쳐다보면 아주머니가 큼직한 닭다리 하나를 쑥 내밀었다.

"아따, 고놈, 끝까지 버티고 있네. 이거 갖고 얼른 딴 데로 가라."

나는 닭다리 하나를 얻어서 지글지글 끓어오르는 가마솥을 지나쳤다. 그렇게 바삭거리고 맛있는 닭튀김은 난생처음이었다. 뼈다귀를 핥으며 가격을 흥정하느라 유난히 와글거리는 고추전을 지나도록 엄마는 보이지 않았다. 나는 아픈 다리를 두들기며 주변을 쭉 둘러보았다. 이렇게 해서는 엄마를 찾을 수 없을 것 같았다. 나는 다시 고양이같이 몸을 낮게 해서 사람들을 파헤치고 건물 옥상으로 잽싸게 올라갔다.

옥상에 올라서자 시장이 한눈에 들어왔다. 구름 위에서 세상을 내려다보는 기분으로 나는 알록달록하고 가지각색의 냄새가 진동하는 시장을 꼼꼼히 구경했다. 미처 발견하지 못한 곳이 있었는데 바로 동쪽에 위치한 민속공연장이었다. 풍물패가 공연을 하고 있었다. 공연은 한참 동안이나 이어졌다. 풍물패는 길게 줄을 지어 시장 안으로 들어갔다. 풍물패가 지나는 곳에는 약속이나 한 듯이 길이 생겼다. 나는 계단을 쏜살같이 내려와 풍물패 뒤에 바짝 붙어 섰다. 풍물패를 뒤따라가다 보면 미처 못 간 장 구석구석까지 누빌 수 있을 것 같았고 그러면 엄마를 찾을 수 있을 것 같았다. 참깨와 들깨를 직접 큰 솥에 볶아 기름을 짜는 기름집들을 지나고 뱀과 새를 파는 곳을 지났다. 자세히 보니 시장에는 단지 물건을 사고파는 사람들만 모인 게 아니었다. 사진 찍는 사람과 그림을 그리는 사람이 눈에 띄었다. 염소를 사는 아랍인들을 비롯해 관광하는 외국인들도 종종 있었다. 그저 사람이 그리워서 나온 노인들은 삼삼오오 모여서 무얼 오물거리거나 담배를 피우며 시끌벅적한 시장 복판에서 노곤히 외로움을 달래는 듯했다. 온갖 개를 다 파는 애견전을 지날 때 누군가 내 뒷덜미를 낚아챘다. 엄마였다. 나는 그때까지 빨고 있던 닭 뼈다귀를 입에서 뺐다.

"늬가 어째서 여기에 있어? 동생은 어떡하고."

"엄마 몰래 따라왔어. 오늘 한글날이잖아."

엄마 주변에는 팔뚝만 한 강아지들이 낑낑거리며 꼼지락거리고 있었다.

"이 누렁이 얼마요?"

수염을 길게 기른 할아버지가 가격을 물었다. 엄마가 한 마리에 2만 5,000원, 두 마리에 4만 5,000원이라고 하자 할아버지가 누렁이 한 마리와 검둥이 한 마리를 골랐다. 엄마는 남은 강아지들을 천막 안에 있던 주인아주머니에게 맡기고 나를 순댓국집으로 데려갔다.

"엄마, 개 팔아?"

"오냐, 엄마는 개장수다. 옛날 우리 시골 살 때는 강아지를 그냥 나눠줬잖냐. 여기서는 뭐든 사고판다. 얼른 먹고 집으로 가."

엄마는 5,000원짜리를 쥐여주며 먹고 싶은 거 사서 동생이랑 먹으라며 다시 강아지를 팔러 갔다. 나는 가마솥 통닭을 잊지 못해 다시 그 자리로 갔다. 큰 통닭이 한 마리에 5,000원이었다.

엄마는 개장사를 한 지 7년 만에 조그마한 화물차를 사서 지방을 돌아다니며 개, 고양이, 병아리, 오리를 사다 팔았다. 땅에 반이나 묻힌 방에 살던 우리는 모란시장 근처의 작은 아파트로 이사했다. 여동생은 사춘기를 지날 때 엄마와 몹시 다투었다. 개장사를 하는 엄마가 싫다고 했다. 여동생은 한 번도 모란시장 가까이 가지 않았다. 친구를 만날까 봐 겁난다고 했다. 엄마도 우리가 오는 걸 달가워하지 않았다. 내가 쉬는 날 좀 도

우려고 해도 한사코 쫓아냈지만 일손이 바빠지자 마지못해 허락했다. 그때는 아직 화물차 없이 엄마가 바구니를 몇 개씩 연결하여 강아지나 고양이를 버스를 타고 운반하던 때였다. 때로는 버스에서 쫓겨나기도 하고 손님들이 대놓고 화를 내어 사죄를 하기도 했다. 여동생과 치열하게 싸우는 동안 꿋꿋했던 엄마도 남몰래 술을 입에 댔다.

여동생이 대학에 합격했을 때 나는 여동생을 데리고 모란시장에 갔다. 시장 골목을 누비는 걸 꺼리는 여동생을 건물 옥상으로 데려갔다. 모란장이 설 때마다 엄마 몰래 와서 구경하던 곳이었다.

"봐라. 가슴이 탁 트이고 뭔가 사람 사는 재미가 느껴지지 않니? 오빠는 가슴이 답답해질 때마다 여기에 올라왔어. 여기서 생생하게 살아 있는 사람들도 구경하고 엄마가 일하는 걸 보고 있으면 열심히 살아야겠다는 뜨거운 마음이 생기곤 했지. 엄마를 부끄럽게 생각하지 마라. 엄마가 우리를 살릴 길이었으니까."

여동생은 말없이 한참 시장을 내려다보았다.

"가자. 국밥 먹으러. 내가 처음 시장에 왔을 때 엄마가 사준 순댓국집이 아직 그대로 있어. 진짜 맛있다."

여동생은 묵묵히 나를 따라 내려왔다. 저만치 엄마가 보였다. 엄마는 빨간 고무 양동이와 나지막한 울타리를 줄줄이 늘어놓고 강아지와 육견을 흥정하고 있었다. 나는 엄마를 이렇게 기억할 것이다. 우리 엄마는 모란시장 개장수였다, 라고.

전설

1958년 7월, 젊은 예비역 육군 대령 창숙은 이름도 없는 척박한 땅 앞에 섰다. 그는 손차양을 만들어 이마에 대고 황무지를 죽 둘러보았다. 꽤 넓은 땅이었지만 엉겅퀴와 가시덤불이 섞여 키만큼 자라 있었다. 창숙은 땅이란 사람의 손길과 땀이 배어야 살아난다고 의지를 되뇌었다.

저만치 웅성거리는 말소리와 함께 몰려오는 사내들이 족히 서른 명은 되어 보였다. 삼사십 대 사내들은 모두 낡은 군복을 입고 있었다. 퇴역 군인들이었다. 그들을 바라보며 창숙은 주먹을 쥐었다.

"대령님!"

가까이 다가온 사내들이 창숙의 주먹 쥔 손을 부여잡았다.

"오느라 고생했네. 이게 단가?"

"아닙니다. 한 스무 명 정도 더 올 겁니다. 모여 오느라 늦나 봅니다. 여깁니까? 대령님이 말씀한 곳이."

"여기네. 우리가 새로 둥지를 틀 곳이. 할 일이 아주 많아."

사내들은 별말 없이 땅을 둘러보며 가난한 눈빛을 주고받았다. 그들은 하나둘 웃옷을 벗어던지고 일을 하기 시작했다. 얼마 지나지 않아 나머지 인원이 도착했다. 창숙을 포함해 쉰둘이었다. 잡목과 잡풀은 걷어내고 바위를 들어내는 데 꼬박 두 달이 걸렸다. 뙤약볕이 그들의 땀을 온종일 짜냈다.

하루라도 빨리 땅을 개간해야 김장에 쓸 무 배추라도 심어 거둘 수 있었다. 아니면 맨손으로 겨울을 맞게 될 터였다. 여름이 끝날 무렵에야 황무지는 불그스름한 속살을 겨우 드러냈다. 창숙은 붉은 빛을 띤 흙을 손바닥으로 비벼보았다. 냄새를 맡아보고 맛을 보았다. 흙은 살아 있었다. 죽거나 썩은 흙이 아니었다. 밑거름을 충분히 뿌리고 깊이 갈아엎으면 더 좋아질 흙이었다. 흙이 생생하게 살아 있다는 것은 좋은 징조였다. 사람이 사는 데는 무엇보다 흙의 질이 중요했다. 흙에서 올라오는 기운은 사람의 기운에도 영향을 끼쳤다.

사내들은 등에 쟁기를 메고 땅을 갈아엎었다. 새벽부터 밤늦게까지 사내들은 막걸리를 종종 들이켜며 말없이 소처럼 일했다. 이 땅에서 살아남아야 했다. 무엇을 해서 먹고살지 아무 계획도 없었다. 버려진 땅은 그들의 바지런한 손길을 온순하게 받아주었다. 쟁기를 깊이 박고 퍼 올린 흙의 속살은 차지고 냄새가 좋았다. 그들은 무와 배추 씨를 서둘러 뿌렸다.

이제 집이 문제였다. 버려진 땅을 가꾸느라 가족을 남겨두고 천막에서 사내들 오십여 명이 뒹굴고 살았다. 곧 겨울이었다. 새 땅에 가족을 데려오려면 단칸방이라도 있어야 했다. 사내들은 뿔뿔이 흩어져 집을 지을 재료를 구하러 다녔다. 기둥과 지붕을 올리고 멍석으로 둘러싸고 비닐과 천막으로 한 번 더 두르니 사람 살 곳이 되었다. 공동 주택의 중앙은 관리 사무소로 쓰기로 하고 재향군인개척단이라는 간판을 걸었다. 초대 단장으로 창숙이 추대되었다.

가정을 꾸린 사내들은 가족을 데려오고 혼자인 사내들은 짐을 옮겨왔다. 사람이 모이자 작은 동네가 되었다. 집집마다 밥 짓고 찌개 끓이는 냄새가 올라왔다. 네 집 내 집이 따로 없었다. 한 집에서 밥을 짓고 국을 끓이면 몇 집이 모여 같이 먹고 어떤 집에서 노루라도 잡아 구우면 다 같이 모여 뜯었다. 공동 구역에 가마솥을 걸고 감자수제비나 칼국수를 끓여 나눠 먹기도 했다.

이름도 없는 동네에 모여 살던 사람들은 첫 김장 무 배추를 거두었다. 정성을 기울인 탓에 무 배추는 크고 실했다. 김장할 것을 남기고 사내들은 수레에 싣고 거리로 나섰다. 장사꾼들이 어떻게 알았는지 밭으로 사러 오기도 했다. 대량으로 사다가 이익을 남기고 장터에 내다 팔 요량이었던 것이다. 창숙은 장사꾼들에게 채소를 넘기지 못하게 했다. 대신 채소를 싣고 직접 장터를 찾아다니게 했다. 초겨울 김장철은 아주 짧았다. 무와 배추를 팔아 겨울에 먹을 쌀과 연탄을 사고 남은 돈으로 개와 닭을 사서 공동 밭에 울타리를 치고 길렀다.

봄이 되는 걸 가장 먼저 알린 것은 역시 땅이었다. 눈이 녹자 젖은 흙을 뚫고 연둣빛 싹들이 머리를 들어 올렸다. 동네 사내들은 비닐하우스를 치고 상추와 고추, 호박, 오이 등 모종을 길렀다. 아낙들은 겨우내 튼실해진 암탉들이 달걀을 잘 품도록 둥우리를 만들어 넣었다. 창숙은 재향군인개척단 사무실에 앉아 보리차를 한잔 따라 마셨다. 창숙은 뜨거운 줄도 모르고 보리차를 삼켰다. 어젯밤 예비역 대령들의 모임에서 군의 움직임이 심상치 않다는 정보를 들은 것이 마음에 걸린 탓도 있고 앞으로 자신을 믿고 따라온 사람들을 어떻게든 잘 살도록 이끌어야 한다는 고뇌가 창숙의 어깨를 무겁게 짓눌렀다.

병아리가 무리 지어 다니며 먹이를 쪼고 강아지들은 눈도 뜨지 않은 채 꾸물거리며 햇살을 쬐었다. 사람들은 모종을 심거나 내다 파느라 동네에 오랜만에 활기가 돌았다. 모종은 어찌나 잘 팔리는지 모자랄 지경이어서 계속 싹을 틔워야 했다. 살이 토실하게 오른 병아리, 강아지를 내다 팔 때쯤 5월 16일 군사정변이 일어났다. 6월에 창숙은 광주 군수로 특채되었다. 창숙은 나라의 부름에 응해야 함에도 망설였다. 개척단원들 때문이었다.

"대령님, 정말 우리를 버리고 가는 겁니까?"

"이 사람아, 우린 군인 출신이네. 나라의 부름에 복종하는 것이 당연지사, 그게 어찌 대령님이 우리를 버리는 일인가."

단원들은 창숙을 붙잡아야 할지 이대로 보내야 할지 서로 눈치만 살폈다. 창숙은 고심 끝에 묵묵히 짐을 쌌다.

창숙이 떠나고 박 상사가 개척단장을 자처했다. 권위적이고 공평하지 못한 박 상사를 못마땅해하던 김 중사가 은밀하게 사람을 끌어들여 역시 개척단장 역할을 했다. 개척단장 행세를 하는 사람에 따라 파가 갈리었다. 마음이 흩어지자 내분이 일었다. 두 파 사이에서 견디지 못한 몇 가구는 다른 살 곳을 찾아 소리 소문 없이 떠났다. 뿌리가 없는 부평초는 떠돌기 마련이었다.

창숙은 광주 군수로 부임한 지 3개월 만에 사임하고 다시 개척단으로 서둘러 돌아왔다. 누구도 굳게 입을 다문 창숙에게 말을 못했다. 전에 그랬던 것처럼 가난한 눈빛을 주고받으며 창숙의 주먹을 부여잡을 뿐이었다. 창숙은 뜨거운 보리차를 마시던 자리에 앉자 쇠고랑에서 풀린 듯 마음이 편안했다. 자신이 있어야 할 곳, 자신에게 어울리는 곳은 바로 여기였다.

창숙이 돌아와 맨 처음 하고 싶었던 것은 동네 이름을 짓는 일이었다. 황무지를 개간하고 사람이 모여 동네를 형성했으니 어디에 사는 아무개라고 말할 지명이 필요했다. 동네 이름이 없어서인지 정착을 하지 못하고 뜨내기처럼 왔다가 어디론가 떠나는 사람들이 자꾸만 더 늘어가는 것 같았다. 뿌리 없는 사람들의 뿌리를 찾아주려면 지명을 짓는 일이 급선무였다. 창숙은 개척단원들과 오래도록 숙의하였다. 사람들에게 새로운 고향을 삼아 삶의 희망을 줄 수 있어야 했다. 그러나 마땅한 지명을 찾지 못했다. 창숙은 이곳 신개척지까지 오게 된 자신의 지난 세월을 돌아보며 며칠간 날이 새도록 잠을 이루지 못했다.

창숙의 고향은 이북 평양이었다. 북이 공산화되어가는 것에 위협을 느껴 홀어머니를 두고 남하했다. 곧 다시 돌아와 함께 살게 되리라는 희망한 줄기를 품고 남쪽으로 향했는데 그것이 마지막일 줄 몰랐다. 창숙은 군대에 입대했고 꿈에도 잊지 못할 6·25 전쟁을 치렀다. 이제 살아생전에 가서 고향 땅을 다시 밟아볼 수 있을지, 어머니와 밥상에 마주 앉아 밥을 먹을 수 있을지 알 수 없었다. 가깝고도 먼 땅이 되어버린 고향 평양과 금수산 모란봉. 지형이 모란꽃의 형상을 닮았다 하여 모란봉이라 이름 지어졌으며 조선 팔경이나 평양 팔경으로 불릴 만큼 경관이 뛰어나고 아름다운 곳이었다. 손에 잡힐 듯 떠오르는 모란봉과 어머니의 얼굴을 그리워하다 창숙은 끝내 눈물을 흘렸다.

창숙은 개척단 회의를 소집하고 지명에 대한 안건을 내놓았다.

"모란처럼 아름답고 유명해지기를 바라는 내 마음이네."

신개척지의 이름은 모란으로 결정되었다. 그들은 이제 스스로 모란에 사는 사람이 되었고 모란 사람들로 불렸다. 모란 사람들은 점점 늘어났다. 처음엔 가난한 퇴역 군인들이 대부분이었지만 그것도 점차 다양해졌다. 가지고 있는 공동 땅과 나누어 먹을 것은 한정되어 있는데 사람들이 늘어나니 생필품을 조달하는 것과 생계 수단에 문제가 발생했다. 처음엔 뭐든 나누어 가지고 함께하던 것도 잦은 다툼이 벌어지고 인심이 험악해졌다.

"대령님, 무슨 대책이 있어야 하지 않겠습니까?"

"맞아요. 우선 먹고사는 길이 열려야지. 이러다간 꽃같이 피어보기는커녕 거지 동네 되겠어요. 오늘 새벽에 박 상사가 울타리 안 닭이랑 개들을 다 잡아서 도망쳤어요. 대령님이 돌아올 때부터 심사가 뒤틀려 꿍꿍이속이 있었던 거예요."

가난이 싫어서 떠나온 사람들이었다. 살길을 찾아 척박한 땅을 개간하였지만 채소를 길러 파는 것만으로는 생활을 유지하기 어려웠다. 창숙은 자비를 털어 가축을 더 사게 하고 단원들과 살길을 모색했다.

"장을 열면 어떻겠나. 어차피 우린 농사지을 땅도 없고 모란은 광주나 수원, 안산, 서울까지 어느 곳이나 연결되는 교차로이니 장을 열면 상인이 몰릴 걸세. 우린 가축이나 채소를 먼저 팔면서 솜씨 좋은 아내들에게 음식전을 열게 하세. 시작해보세."

모란 사람들은 채소장과 가축장, 음식장을 중심으로 작은 장터를 열었다. 그저 동네와 인근 사람들끼리 생필품을 사고팔며 어느 정도 경제적 이득도 얻어 생계를 꾸려나가는 식이었다. 입소문을 타고 상인들이 몰려들기 시작했다. 시장이 커지자 물건을 사려는 사람들과 팔려는 사람들 사이로 각설이와 폭력배가 들어왔다. 훔치는 자와 물건을 지키고 도둑을 잡으려는 사람이 생겼다. 모란 사람들은 상인회의 필요성을 느끼고 김중사를 회장으로 추대했다. 상인회가 결성되자 모란 5일장은 조직력을 갖게 되었고 더욱 규모가 확대되었다.

시장이 자리를 잡아가던 그해 겨울 개척단 사무실로 출근하던 창숙은 문 앞에 사람이 쓰러져 있는 걸 발견했다. 시장을 떠돌던 거렁뱅이 노파였다. 사무실로 옮겨 몸을 따뜻하게 해주고 뜨거운 차를 세 컵이나 떠먹였을 때에야 노파는 눈을 떴다.

"아이고, 사람 죽은 줄 알고 얼마나 간을 졸였다고요. 어째 여기 쓰러져 있었던 겁니까? 할매, 집은 어딥니까?"

"떠돌이 동냥치가 집이 어딨으까? 살려줘서 고마워. 난 아들 찾으러 가야 해서……."

이북 억양을 쓰는 노파는 어디서 그런 힘이 솟는지 자리에서 벌떡 일어났다. 이북 말투에 창숙은 자신도 모르게 노파의 손목을 잡아챘다.

"하이고, 이 몸으로 어딜 갑니까. 나하고 생태탕이나 한 그릇 잡숫고 아들을 찾든 딸을 찾든 하시요."

노파는 창숙을 못이기는 척 따라왔다. 창숙의 부인이 하는 모란시장 모퉁이의 생태탕집은 이른 시간이라 아직 손님 맞을 준비가 되어 있지 않았다.

"그냥 되는 대로 한 그릇 주소. 이 할매는 갈 길이 바쁘니까."

창숙의 부인은 생태탕을 급하게 끓여 내놓았다. 푹푹 끓는 생태탕을 놓고 창숙은 끝없이 이어지는 노파의 사연을 듣게 되었다.

"남으로 피난 오다가 딸은 몸이 약해 죽고 아들하고 한강에서 헤어졌어. 그 후로 아들 찾을라고 조선 팔도 돌아다니는 거지."

"할매는 고향이 어디쇼?"

"내 고향은 바닷가 원산이지. 그러는 자네는? 말씨 보니 평양인가? 음식을 보니까나 색시는 남한 사람이구만."

"아이구, 딱 맞혔네요."

"이건 뭐 생태탕이 아니고 해물탕이구만. 내 신세도 갚을 겸 언제고 원산 생태탕을 한번 끓여줄라마."

"예예. 근데 아들에 대해 들은 소식은 있는 겁니까?"

"없다. 죽었는지 살았는지도 모르는데 무슨 소식."

"저런…… 저도 어머니를 홀로 평양에 두고 왔습니다. 언제든지 여기 오시면 아들같이 생각고 나를 찾아오시오. 밥이라도 어머니 삼아 대접하게로요."

"아따, 맘씨가 곱구만. 어뜬 사람은 날 미친년같이 대하드만. 복 받겠어. 잘 묵었다. 난 이만 아들 찾아 갈라마."

노파는 선뜻 일어섰다. 멀어지는 노파의 꾸부정한 뒷모습을 하염없이 바라보다 창숙은 장터에 사연을 안고 떠도는 사람을 위로해줄 공연이나 무료 먹을거리를 준비해야겠다고 생각했다.

전통 시장으로서 견고한 조직과 규모를 형성한 모란시장의 후대 상인회 회장들은 창숙의 숙원이었던 민속공연장을 건립하고 자선 사업에 힘썼으며 모란시장이 한국의 전통성을 유지하면서 국제 관광 자원의 기초를 마련하도록 장려하였다.

중국 심양 조선족노년예술단을 초청하여 공연을 성공리에 마치던 날 늙은 예비역 대령 창숙은 이마에 손차양을 만들어 저 멀리 모란장을 건너다봤다. 가물거리는 시야에 끝없는 황무지가 펼쳐졌다. 가시덤불과 엉겅퀴가 뒤엉킨 땅이었다. 사람이 살기에 적합한 땅이 아닌 듯했다. 어디선가 사람들이 하나둘 모이기 시작했다. 사람들이 모여 사람 사는 냄새를 풍기고 땀을 흘리며 일을 하자 황무지는 붉은 꽃처럼 피어났다. 사람들 입에 오르내리고 발길을 끌어모으는 아름답고 유명한 꽃이었다. 어머니의 얼굴이 붉은 꽃송이 위로 아지랑이처럼 피어올랐다. 창숙은 가슴 한편에 오래도록 박혀 있던 얼음덩어리가 뜨겁게 녹아내리는 걸 느끼며 꽃을 향해 주름진 손을 내밀었다.

작가 약력
(작품 수록순)

권민경
1982년 서울에서 태어나 2011년 『동아일보』로 등단했다.

김영자
1961년 경기도 안성에서 태어나 시집으로 『문은 조금 열려 있다』, 『아름다움과 화해를 하다』, 『푸른 잎에 상처를 내다』가 있다.

송종관
경기도 연천에서 태어나 시집 『별에게』가 있다.

이은유
1968년 경기도 안성에서 태어나 1996년 『현대시』로 등단했다. 시집으로 『이른 아침 사과는 발작을 일으킨다』가 있다.

한우진
충청북도 괴산에서 태어나 2005년 『시인세계』로 등단했다. 시집으로 『까마귀의 껍질』이 있다.

홍일선
1950년 경기도 화성에서 태어나 1980년 『창작과비평』으로 등단했다. 시집으로 『농토의 역사』, 『한 알의 종자가 조국을 바꾸리라』, 『흙의 경전』이 있다.

김선화
1960년 충청남도 신도안에서 태어나 1999년 『월간문학』으로 등단했다. 수필집으로 『둥지 밖의 새』, 『눈으로 보는 소리』, 『소낙비』, 『포옹』, 『아버지의 성(城)』, 『나무 속의 나무』, 시집 『눈뜨고 꿈을 꾸다』, 『꽃불』, 청소년 소설 『솔수펑이 사람들』, 『바람의 집』, 『피사체 너머에는』이 있다.

문부일
1983년 제주도에서 태어나 2008년 『문화일보』 동화, 2012년 『전북일보』 소설 부문에 당선했다. 청소년소설로 『찢어, Jean』, 『우리는 고시촌에 산다』가 있다.

송지현
1987년 서울에서 태어나 2013년 『동아일보』로 등단했다.

유재영
1981년 서울에서 태어나 2013년 『세계의 문학』으로 등단했다.

이미옥
1969년 서울에서 태어나 동화 『가만있어도 웃는 눈』, 『내 이빨 먹지 마』, 『꿈의 다이어리』, 『명랑 아빠』, 『꽃대궐 파티』 등, 동시집 『아빠 자전거에 우리 동네를 태우고』, 『춤추는 이불』 등이 있다.

홍이레
1973년 전라남도 구례에서 태어나 김유정 소설문학상, 천강문학상을 수상했다.